全国"十三五"规划精品教材

饭店顶岗实习
服务管理案例

主　编　李　存　戴学军

副主编　刘恩波　李　颜　张翠苹　何晓琳
　　　　董琳琳　黄晓弘　姚晓玲　翟　晶

广东旅游出版社
GUANGDONG TRAVEL & TOURISM PRESS
悦读书·爱旅行·悦享人生

图书在版编目（CIP）数据

饭店顶岗实习服务管理案例 / 李存，戴学军主编. — 广州 ：
广东旅游出版社，2016.6
ISBN 978-7-5570-0403-3

Ⅰ．①饭… Ⅱ．①李… Ⅲ．①饭店－商业服务－实习
－高等学校－教学参考资料 Ⅳ．①F719.2

中国版本图书馆CIP 数据核字(2016)第 121793 号

责任编辑：蔡子凤
　　　　　赵瑞艳
装帧设计：亿辰时代
责任技编：刘振华
责任校对：李瑞苑

饭店顶岗实习服务管理案例
Fandian Dinggang Shixi Fuwu Guanli Anli

广东旅游出版社出版
（广州市越秀区环市东路 338 号银政大厦西楼 12 楼）
联系电话：020-87347316　邮编：510642
广东旅游出版社图书网
www.tourpress.cn
北京紫瑞利印刷有限公司印刷
（地址：北京市海淀区上庄镇上庄村上庄水库北岸路东后果树一队北院）
787 毫米×1092 毫米　　16 开　　9 印张　　160 千字
2016 年 6 月第 1 版第 1 次印刷
印数：1-3000 册
定价：38.00 元

本书如有错页倒装等质量问题，请直接与印刷厂联系换书。

前　言

　　顶岗实习是大学生在学习、掌握一定专业基础理论之后到企业相应岗位工作、履行岗位职责的一种带薪实习方式，是工学结合、校企合作人才培养的一种形式，是地方院校和高职院校培养服务于地方经济应用型人才的重要途径。旅游管理专业实践性比较强，顶岗实习对于培养旅游管理专业学生的管理思维能力、服务意识、敬业精神、动手能力和提升就业竞争力大有裨益，因而成为旅游管理专业重要的实践教学形式。

　　惠州学院旅游管理专业于 2011 年在 2009 级中开始实施为期 6 个月顶岗实习，迄今为止已经有五届学生（2009 级、2010 级、2011 级、2012 级和 2013 级）实施了顶岗实习。在学生顶岗实习过程中，指导教师要求学生不但要做好实习单位所分配的工作任务，还要思考顶岗实习中观察到的实习单位出现的各种经营管理问题。本书是根据学生顶岗实习所提供的素材编写的，它提供了酒店顶岗实习遇得的问题及解决方案参考，适合于应用型旅游管理本科和高职高专旅游管理专业学生作为顶岗实习的指导手册来使用。

　　本书的编写得到了惠州有关旅游酒店的大力支持与帮助，在此一并表示感谢。由于编写者水平有限，书中错误和不妥之处在所难免，恳切希望读者不吝批评指正。

惠州学院旅游系旅游管理教研室编写组

2016—01—18　　蓬瀛湖

目　录

餐 饮 部

案例分析1:"我也是被骗的"

某酒店日本餐厅,一天晚上五位客人有说有笑地走进来。服务员询问客人是否有预定,其中一位客人回答说没有,并且说明是要请客的,请服务员安排好一点的位置。服务员便按照客人的意思将客人引到大厅一张靠窗边的大桌,并询问客人是用自助餐还是单点,客人说要单点,于是服务员便给客人递上了单点的菜单。

在点单时,客人询问了餐厅有什么比较好的值得推荐的菜式,服务员便推荐了铁板肥牛,铁板鹅肝,矾煮鲍鱼等有特色的菜式,客人表示可以,服务员跟客人确认之后就下了单。在点完单后,点单的客人出去上洗手间,出餐厅的时候刚好遇见了餐厅的经理,客人表示想买一支某品牌的红酒,并且不是当时饮用而是要打包带走的,经理向客人说明这个品牌的红酒餐厅并没有库存,不过可以先帮客人下单,酒则需要到楼上的大堂吧去取。客人表示可以,他等一下直接上去拿就可以了。经理便回餐厅给客人下了单,并打电话给大堂吧的工作人员,告知此事。

之后,餐厅便按照客人点的菜式上菜,虽然发现出去上洗手间的客人一直没有回来,觉得奇怪,但看到其他用餐的客人都有给那位客人留菜,就想可能客人有事暂时离开了一下,便也没在意。等到客人用完餐后,客人起身都准备走了,经理便告知客人还没有埋单,几位客人都表示是那位去上洗手间的客人说要请客的,他们不用给钱。经理向客人解释那位客人一直没有回来过,并且到大堂吧拿了一支红酒就走了,也没有埋单,需要客人埋了单才可以走。客人都很愤怒,拒绝埋单,一直强调是那位客人请客的,不应该他们埋单,而此时那位客人的电话又一直打不通,经理意识到可能遇到骗子了,并且数目不小,将近七千元,便通知了防损部及餐饮经理。

经过一再的沟通,才知道原来这几位客人与那位客人也是第一次见,说是要来谈生意的,没想到那个人居然是个骗子,他们也是被骗的。经过餐厅经理以及餐饮经理的沟通,这几位客人最终还是埋了单。

【评析】

这个差点让客人走单的案例,涉及到钱的问题,需要引起重视。

第一:在遇到类似案例中客人点了数额较大的单时,餐厅服务员尤其是收银员应该要打起十二分精神,时刻关注客人的动向,避免出现客人趁餐厅忙走单的现象。在案例中,该不是经理注意到客人要走,餐厅就要遭受巨大的损失。

第二:贵重酒水的销售问题。餐厅里一般只会存有餐厅常卖的酒水,而一些不常卖的酒水通常会在大堂吧等地方,销售时一定要注意。若客人是要在餐厅饮用的话,则要在该客人相应的账单上下单,若客人是要打包,则要另开一张账单让客人埋单,确认客人埋了单了才可以让客人将酒水带走,避免损失。

第三:在服务过程中要多注意客人。例如在案例中,客人出去上洗手间一直没回来,服务员可以在上菜或者倒茶水时委婉地问一下其他客人那位客人什么时候能回来,菜要不要慢一点才上,菜才不会凉了。若案例中,服务员有及时询问客人,或许可以早点发现问题,挽回损失。

第四:在发生了类似案例中埋单的人走了其他人还在但不愿意埋单的情况下,需要向客人解释餐厅开门做生意不可以赊账等,并请客人联系那位埋单的客人。若客人仍态度强硬,酒店的态度也应该强硬起来,请保安等到餐厅防止客人离开餐厅,报告上级,必要时可以报警处理,维护自身的利益。

案例分析 2:我是会员,为什么不能打折

某酒店与万誉会合作,向客人销售会员卡,客人购买会员卡之后,凭会员卡来酒店消费可享受一定的折扣。客人凭会员卡到酒店的柚子日本餐厅用餐,按照人数不同折扣也是不一样的,1 位 7.5 折、2 位 5 折、3 位 6.7 折、4 位 7.5 折、5 位 8 折、6 位及 6 位以上是 8.5 折。并且客人购买会员卡时还会有一套价值 1000 元的现金券赠送,分别是 100 元,200 元,300 元及 500 元,客人可先用现金券再打折,现金券要与会员卡同时使用。但会员卡在母亲节、圣诞节等特殊节日不能使用,在现金券背面也是有标识的。

在母亲节前,餐厅开例行会议的时候,经理特意强调了母亲节当天不可以使用会员的现金券,收银也表示知道。

母亲节当天,餐厅很忙,有两位客人进来用餐,引位的刚好是当天开会的收银员,客人便问今天可以用会员卡吗,收银员误以为母亲节当天只是不可以用现金券,会员卡的折扣还是可以用的,便告诉客人是可以使用的。等到客人用完餐埋单的时候,出示了会员卡,正好被经理看见了,经理便和客人解释说今天是母亲节,是不可以用会员卡的,只能用原价埋单。客人就勃然大怒,说我进来的时候问了你们的服务员今天可不可以用,

她说可以,现在又跟我说不可以是什么意思,变来变去的。此时收银员才明白自己理解错了母亲节不可以使用会员卡的规定。经理耐心向客人解释,并且请来了万誉会的工作人员向客人解释,道歉是员工没有理解好规定,希望得到客人原谅。但客人还是一直很生气,不愿意照原价埋单。经理最后向客人解释道,会员卡的确是不可以使用的,不过可以给客人开个特价的自助晚餐价格,免去服务费,客人这才消气,埋单走了。

【评析】

　　酒店推出会员卡,会员凭会员卡可享受普通客人没有的折扣,意在吸引更多客人的同时带来更多的回头客,是酒店拓宽客源的一种方法,而有关于会员卡相关的一些规定条款等,需要事先提醒客人,不要想当然以为客人都买了会员卡了,一定清楚这些,避免出现差错。此外,餐厅的工作人员尤其是收银员更要清楚会员卡条款的明细及具体的使用规则,在不是非常确定的情况下,不要随便给客人肯定的答复,而是应该向清楚的人询问清楚再回复客人,才不会出现案例中客人因为员工的疏忽而勃然大怒导致投诉的情况,给餐厅造成影响。

　　在出现类似案例中客人很生气投诉的情况,服务者首先应认真地倾听客人的话,了解事情的经过,再对客人的经历表示抱歉,是自己工作的失误导致客人的情绪不快,再向客人解释其中的缘由,争取客人的谅解。必要时,可以向领班经理等上级申请,在权限范围内给客人折扣或送小礼物,让客人满意。事后要对自己的工作进行反思,反省是哪一部分出现了问题,要怎么样解决这个问题,使工作更加严谨。

　　另外,餐厅在平时的服务和收银的培训中,要更加的细致,考虑到各种情况以及其解决办法,让员工面对客人的投诉时有据可依,不会手忙脚乱。员工在培训和工作中有遇到什么情况,或者从某事中联想到的可能会发生的情况,也要及时提出来讨论,众人拾柴火焰高,可以更加完善培训的内容,自己在工作中发现的问题,印象也会更加深刻。

案例分析3:麻将房风波

　　5月18号晚7点25分左右,销售部Jason打电话到西餐厅送餐部咨询麻将房的收费标准及预订情况,咨客告知其麻将房是按四个小时500元收费,至少消费四小时,不足四小时按四小时收费。超出四小时一小时收费100元。目前两间自动麻将房均可接受预定。Jason了解情况后,提出要帮客人张先生预定一间麻将房,并向咨客说明了张先生一行正往麻将房去,请麻将房那边做好相关接待准备。咨客挂断电话后随即向当班主管说明了情况。

　　大约过了半个小时还没见张先生出现。之后客服中心来电也是询问麻将房情况,然后提出帮9609房客人预定一间麻将房。咨客同样告知主管安排人手做好相关准备。

之后主管告知咨客,张先生已经过来打麻将了,将账单打好并跟进签单情况。大约又过了二十分钟,9609房的客人也过来了。主管引领他们过去麻将房,回来时咨客已经将账单打好了。却没想到张先生和9609房的客人是一起的,他们只要一间麻将房。也就是刚才做了双重预定,并且重复打单了,于是就要出删除单并写删除报表。

分析:出现该案例可能有以下原因:

1. 客人内部没有沟通好,一部分人通过销售部预定,而另外一部分人通过客服中心预定,导致同一拨客人重复预定了。

2. 咨客没有询问清楚情况是主要原因。麻将房的预定标准是要登记预定客人的房间号码、联系方式、姓名、到达时间等相关信息的,首先是为了方便联系客人,随时了解客人的动向,变被动为主动;其次是为了核定预订信息,曾经出现过有客人冒认预定导致真正预定的客人到来却被告知没有麻将房了而引起投诉的情况。但是当时咨客是有向销售部Jason说明要提供客人相关信息的,只是Jason在答应客人要求是并没有了解到这些,并且说明客人已经在过去的路上了,马上就会到达,不会再出差错的了,故咨客也没有再深究下去了。而客服中心来电是有提供客人房间号码的,可以根据房间号码查询到相关信息,若是当时有进行查询可能会发现9609客人就是和张先生一起的。还好由于当晚麻将房的预定就只有这两个故没有造成什么经济损失或者引起投诉之类的情况。

3. 这也从侧面反映出酒店服务问题的复杂性与不可预测性。需要酒店管理工作人员不断吸取教训,总结经验,提高处理问题尤其是突发状况的能力。另外还要加强对员工的培训,本案例中是咨客对麻将房预定所需资料不够清楚导致的,尽量减少问题的出现,提高顾客满意度。

案例分析4:满意的笑容

六一儿童节这天西餐厅处于爆满状态,位置不够。接近300人的晚餐简直让人抓狂,开餐前的会议就让我们感觉压力很大。由于是节日,餐厅提前开餐,大家都高效率地做各种准备,一切都顺利地进行着。开餐一个小时左右,来了一家客人,四个大人两个小孩,咨客见到客人就赶紧迎上去,一番询问之后知道他是我们酒店的会员,而且客人看到拥挤的西餐厅个个脸色都不怎么好,这时咨客跟客人解释状况,说明已预留了位置给他们的,并将他们带到位置,才使客人情绪安定了下来。之后咨客告知当区服务员小陈多关注他们一家。小陈跟随他们去布菲台取食物,走了一圈之后发现客人对菜品也不是很满意,说菜品种类太少,没有海鲜之类的菜品。小陈根据事实表示理解,解释餐厅今天主打东南亚风味菜品(如咖喱鸡、披萨),并安抚客人情绪。随后等客人回到座位后就去跟经理说明情况,请示给客人额外赠送一些食品,经理表示同意,服务员给那桌客人送两份芝士焗扇贝,并关注他们一家的用餐,随时主动为他们提供帮助。渐渐地客人面露悦色,从开始不怎么愿意开口到跟小陈畅聊起来,说出自己的心声并给餐厅提了一些建议,表示很感谢他们并称赞他们的服务很好。最后小陈还主动送客人到电梯口,提示他们明日早餐是在西餐厅用的。送走客人,小陈将今晚客人的用餐情况反映给咨客,咨客在工作交接本上留言给第二天早班关于今晚这桌客人的情况交接,让他们注意服务。功夫不负有心人,大家的共同努力受到了客人的肯定,客人在离店时表示很满意本次入住,在我们宾客满意度调查系统 heartbeat 上在餐厅方面打了个很高的分数。

【评析】

1.从本案例中不难看出这是酒店西餐厅经常会遇到的状况之一,碰到节假日入住爆满状态,用餐人数也是远远超过餐厅座位的,尤其是惠州洲际度假酒店这种度假型酒店。值得一提的是,我们酒店西餐厅对客人的关注(特别是会员)和服务补救的一系列举措十分到位,反映出了我们餐厅的服务员有较高的服务意识和专业服务补救知识以及服务技能,也说明酒店对员工的服务培训和服务补救培训是比较系统的,能让一线的员工都谨记在心,并能灵活地应用到工作中。同时也给酒店餐厅提供一个很好的经验,在遇到同样或者类似情况要及时做出补救措施,要给员工灌输正确实用的服务意识并不断增强员工的实操技能。

2.适当的授权对于及时提供补救措施有非常大的意义,有些补救就是因为要请示上级,错失最佳时机,起到的效果微乎其微。本案例中的小陈通过与经理的沟通,及时得到授权,对补救起到良好作用。适当授权能及时地满足客人的需求,做好服务补救,有效减少客人不满情绪,提高顾客满意度。

3.从本案例中也可以看出员工之间的信息沟通和工作交接非常重要,信息顺畅才能保证始终如一的良好顾客体验。咨客与小陈、小陈与经理、晚班和早班之间的信息交接和顺畅沟通起到了良好的作用,客人最后满意的笑容就是最好的说明。

案例分析 5:硬件问题

某酒店崇尚欧式奢华与艺术文化的核心理念。奢华的体验不仅体现在服务上,也体现在酒店的硬件设施上。但是,由于一些业主的极度节约成本,很多硬件设施是经常出现问题的。比如,我工作岗位的冰箱,一个星期最少要让工程部修理一次,多的时候一个星期要修理两三次;还有热厨房的扒挡的抽风,根本就没有起到任何作用,所以在扒挡工作的人特别辛苦,整天被熏得油光满面,有时候还被熏得眼泪直流;西餐厅的下水道总是堵塞,弄得整个西餐厅水漫金山,而且这种情况还不止一次;此外,还有很多问题的存在,总之,这个酒店的设备设施老化损坏快,总是坏了修,修好了很快又坏,然后又继续修,如此循坏着。

【评析】

1. 在上述案例中，出现类似问题的原因是什么，此类问题的出现有什么影响？

原因：类似问题的出现是由于酒店的设施设备运用的时间太长，出现了老化损坏的问题，酒店为了节约成本，没能更好的维护和及时更换新的设施设备，一部分原因是酒店工作人员在使用过程中没能正确的使用和没有爱护设备的心理，从而使设备加速老化，使用期缩短。

影响：在顾客心中，五星级酒店的服务和设施设备都应该是一流的，简单地说，五星级就是一个标志，一个优良服务和设施的标志，是顾客心中的一个质的标准。顾客到酒店消费就希望达到满意的服务，希望得到自己预期的效果，为了让顾客有更好的消费体验，得到最大的满足，酒店提供的服务和设施都应该是优质的。上述问题的出现，不仅不能给客人提供优质的服务，使客人的消费体验达不到预期的满意度，影响顾客对酒店的忠诚度，从而可能造成酒店营业额的下降，给酒店带来一系列不好的影响。而且还会给工作人员带来更多的不便，加剧工作人员的工作难度，工作人员的工作心理会受到一定的影响，因此可能会不能更好地进行工作，在服务上不能给客人提供最优质的服务，最终导致顾客对酒店的失望，给酒店带来更大的损失。

2. 为了酒店能够更好的运营下去，如何解决上述问题？

第一、加大物力财力的投入，不能太过于节约成本，要定期定量地为设施设备做维护，延缓设施设备的老化。所谓的有舍才有得，这句话是有哲理的，如果酒店太过于节约，不愿意在设施设备上面投资财力物力，客人在消费过程中得不到自己应该有的消费体验，从而对酒店产生不好的评价，严重者不会再次光临这个酒店消费，最终导致的是酒店不能更好的运营。

第二、给员工做好培训，使员工能够正确地使用设施设备和维护设施设备，从而使设施在使用期内能够正常运行。

案例分析 6：该不该付钱

某个周五晚上，餐厅的客人特别多，座位都坐满了人。由于人数比平常要多出很多，当天上班的服务员和餐厅主管是按照平时的客人数来排班的，所以服务员和餐厅主管都忙得焦头烂额，场面有点混乱。餐厅刚在装饰上做了一些改变，之前用陶瓷工艺品装饰的地方换成了一些气泡酒和红酒装饰，而且装饰的地方就在冷厨房布菲台的一个角，西餐厅正门进去就可以看到，很容易就能拿到，加上装饰的红酒是直接摆在红酒架上的，因此很容易就可以取走。由于晚上的人比较多，工作人员人手不够，在大家忙得不可开交时整个餐厅突然发出一声响声，把大家吓了一跳，原来是客人擅自拿了一瓶气泡酒自己开了。餐厅主管赶紧上前和客人说明情况,说明红酒是装饰用的,如果需要的话是要另外收费的,客人很不爽,说餐厅没有标明那是装饰品不可取用才拿的,他拒绝付费。看情况不乐观,餐厅主管就跟客人说可以给其免去服务费,客人还是不依不饶,说要见餐厅经理,主管没办法只得打电话给餐厅经理。在餐厅经理前往酒店的路上,主管再次试着跟客人沟通,对客人说您现在买单的话我们可以给您免服务费,如果等下经理来了可能连服务费都免不了。最后客人自知理亏,很不情愿的买了单。

【评析】

在本案例中,造成此次问题的原因是什么?

第一、酒店方没有标明红酒是装饰品,不可取用,这是酒店方最大的失误,才引起了问题的发生。

第二、客人在取用之前没有询问服务员,而且还擅自开启酒瓶。这是非常危险的,因为气泡酒需要专用的开瓶器开启,开启不当有可能给开瓶者带来一定的伤害,好在客人没有受伤。否则问题将更加严峻。

如上述案例所述,日常生活中有一些素质不高甚至不诚信的客人想要钻空子甚至对酒店进行欺诈,要求酒店免单,对酒店造成损失,我们应当如何来避免这种事情的发生?

第一、作为消费者,我们要提高自己的道德水平及素质,诚实守信,不可为了贪图一点便宜去做损人利己的事。同时,要学会换位思考,多想想酒店工作人员的不易,不要为难他人。

第二、酒店员工要提高个人的职业技能,做事要细心,尽量避免问题的发生,减少酒店的损失。如果问题已经发生,要吸取教训,积累经验,避免此类问题的再次发生。

案例分析7:迟迟未到的扎啤

一天晚上大堂吧来了一桌客人,他们看了菜单之后,只点了5杯扎啤,当时大堂吧有3个人在上班,是我的一位同事去给客人点的单,我和另外一个同事在做其他事情,客人点完单之后,那位点单的同事就一声不吭的下楼去了(扎啤要在楼下的厨房取)。大概30分钟过去了,那个同事还没有上来。客人就不耐烦的走到吧台这里说:"我刚才点的扎啤怎么还没上来?都已经点了半小时了!"当时我和我同事都一头雾水,于是就立马给刚才点单的同事打电话,但是他电话也没人接。客人就开始不悦了,说:"你们这是五星级酒店吗?什么服务呀?"我和同事立马给客人道歉说"真的很对不起,下面可能有点事情,同事一时可能赶不上来,要不您看看换成其他的啤酒行不行。"客人有点不耐烦,最后还是重新点了5听嘉士伯。后来我们又送给了客人两碟小食,把这单给客人免了服务费,客人没有再说什么。等客人快喝完的时候,我同事端了5杯扎啤上来了,了解情况后才知道原来下面的扎啤机出问题了,一直出不来,他在下面弄了很久。

分析:客人之所以生气,是因为自己花了钱还得不到应有的服务,坐了那么久,也没有人过去问一下,还让客人自己跑过来问,问过之后,服务员都不知道客人点了什么,客人肯定会感觉自己被忽略了。造成这种结果的原因有四个:其一,点单的服务员在下去拿扎啤的时候没有给同事交接好,应该告诉其他同事客人点了什么,让其他同事留意一下那桌客人,自己再去拿扎啤;其二,当扎啤机出问题的时候,应该第一时间告知当班同事,而不是一个人在下面收拾;其三,其他同事没有尽到责任,当同事很久还没有上来,应该主动联系同事,而不是等客人来问才去打电话。其四,当客人坐了很久,当班同事应该去主动问一下客人需要点什么,而不是无动于衷等客人来问我们。

本案例采取了给客人送小食和免服务费来平息了此次风波,服务人员在服务的过程中要吸取教训,要本着"客人至上"的原则。要确定客人点的东西所有当班的人都知道,此外,该酒店还要加强对员工责任感的培训,使其在服务过程中学会换位思考。

案例分析8:过期饮料

一天,大堂吧来了一桌客人,按照要求我们上前询问了客人的需求,客人点了一杯鲜榨果汁和一听椰奶,我们按照出品标准给客人上到了桌上,等客人喝了一半的时候,拿着椰奶瓶来吧台找我们,说:"你们的椰奶过期了。"还指着日期让我们看,我和同事凑过去看了一下,果然过期了一个多月了,当时我和同事都好尴尬,立马给客人道歉,客人就抱怨说:"这是什么酒店呀?把我们喝出什么病怎么办?连街边的大排档都不如,喝个饮料都是过期的,那其他东西还能吃吗?你们经理呢?我要投诉。"后来叫来了我们主管,主管也一直在给客人道歉,还答应送给客人一个水果盘和一个小蛋糕,客人才稍稍平息了一下情绪,最后答应不投诉了。

分析:客人花了那么贵的价格却喝到了过期的饮料,客人认为过期的东西不应该在五星级的酒店出现,因此愤怒发火。造成这种后果的主要原因在于酒店。第一,酒店采购部为了控制成本,都是拿快要过期的酒水饮料卖给客人;第二,酒店相关负责人没有尽到监管的义务,监管不力,导致过期的饮料流出;第三,服务员在上饮料之前没有检查一下是否过期就直接卖给客人,导致客人投诉。

该酒店食品安全问题堪忧,根本没有达到五星级酒店食品安全的标准,过期食品卖给客人是很严重的问题,应该引起该酒店的重视,防止此类事件的再次发生。服务员属于一线员工,直接与客人接触,也应该尽到监管、检查的义务,发现过期的酒水或饮料,应该及时报告给上级。

案例分析 9：一元钱的麻烦

广东省某市的一家酒店是属于一个大的酒店集团旗下的五星级酒店。该集团对其旗下的酒店每年都会有几次服务调查,是属于暗访。

那天集团的调查人员入住该酒店,并决定对酒店的夜间送餐服务进行测验。当天夜间十一点半左右,此顾客拨打电话要求送餐到房间,并从此刻开始记录酒店送餐服务的详细细节。

在大约半个小时之后,送餐服务员小李将客人所点食物送至房间,全程依照酒店送餐服务标准服务。在做完全部工作给客人进行结账时,客人询问到:"这些菜总共多少钱?",小李说:"一百元",客人问到是否刚好一百元整,在得到肯定回答后付清。

事后该调查人员计算了一下价格为 101 元,并将这一情形写到报告中。该集团针对这一情况,质询该酒店。通过前因后果的调查与分析,酒店了解到:原来当晚因为餐厅备用金没有足够零钱找给客人,所以小李自作主张,自己把那一元钱补上,且没有与客人沟通这一情况,导致多重连锁反应。使得酒店遭到扣分以及警告,而小李本人也为此事焦头烂额,百般解释,酒店也处罚其写书面报告,并受到警告。

【评析】

本案例虽然只是牵扯到小小的一元钱,可能大多数人认为这件事小李的这种行为并不为过,而且这说明小李对酒店还是有一定向心力的,不然何以自掏腰包;其实这件事作为一般的客人碰到绝不会当回事,但是这对于一次服务调查来说,这件小事涉及到的不仅仅是金钱的问题,最重要的是在整个服务流程当中,该酒店是否做到了与服务标准相一致,达到了该集团对旗下酒店的要求设定,是否有损于整个集团的服务质量与口碑。

这个案例很明显是酒店的责任,与客人无关,这当中有几个问题存在:

小李作为一名普通员工,对于超出自己权限的事情,首先应该询问上级的意见,并遵从上级的指令,而不是自作主张,导致惹火上身;

即使打算自掏腰包,小李也应该将账单交由客人过目,并在客人没有疑问的前提下结账;

小李应与客人沟通此事,毕竟这事关客人,其有权利知道且选择,而不是有小李定夺。

这一案例告诉我们,在酒店服务过程中应严格按照酒店服务标准走,超出自己权限的事千万不要擅作主张,应询问上级。当然,这作为一次调查可能并不会给酒店造成重大责任事故,但若真有客人追究此事,会对酒店声誉有一定影响。当然酒店从中吸取教训,加强服务程序和员工培训,也是很有必要的。

案例分析 10：打包

惠州市某温泉度假酒店接待的大多为团队客人，这些团队客人目的是为体验五星级酒店的美食，称之为美食之旅。该酒店为接待这些美食客人，特意为其准备了不一样的自助餐，其中菜式多样且多有变化。一次接待包含了客人的自助早、晚餐，但总免不了有些客人对于一些喜爱的食物要进行打包。

有一次早上，服务员小林在接待服务客人享用早餐的时候，有位女士询问道："你好，可以请你帮我打包一些食物吗？一点粥和面包就可以了"，小林听完之后，对其解释道："不好意思，小姐，我们酒店明文规定自助餐是不可以打包的，真的很抱歉"这位女士也知道自助餐的规定，但是她也有自己的难处，说道："我明白，但是因为我的孩子昨晚可能吃坏肚子了，身体一直不舒服，所以我想打包一点早餐给他吃，你看可以变通一下吗"，小林相当为难，因为他有听上司说是不让打包的，而且他也刚来不久，不知是否可以特殊情况特殊对待，但客人的难处在那里，理应帮助客人有一个良好的酒店体验，于是想了一下之后回复到："我非常理解您的难处，毕竟孩子是自己心头肉，但我确实没有这权限，请您稍等一下，我去请示一下我的上司，好吗？""好的，谢谢你了"。向上司说明情况后，上司马上随服务员找到这位女士，让小林帮其打包并对其孩子表示关心，询问是否需要看一下医生。女士表示真诚的感谢，夸赞酒店的服务，并表示孩子已吃了药。这位女士最后抱着愉快的心情离开了餐厅。

【评析】

饭店在自助餐方面禁止打包的做法，是正常的控制成本的需要，否则自助餐难有存在的必要，毕竟是为了赚钱，而非普渡众生。几乎所有的饭店都有这方面的规定，但应注意的是：这一规定并非死板不考虑人情常理，毕竟在某些特殊情况下，需要破例为顾客提供一种人文关怀。

在上面的案例中，服务员小林的做法中规中矩，既维护了客人的利益，也很好的对酒店的服务理念进行诠释。而其上司的做法就比较老练，对此类的事处理有道，很好的解决了客人的难题，并对顾客体现了一种关爱，提升了酒店在客人心中的形象。

其实酒店在像这样的服务细节应该多下工夫，对员工进行到位的培训以及理念的传达，若上例中的小林难以变通，那就丧失了一个提高酒店形象的机会，且有可能使得酒店在客人心中留下不好的印象。所以对员工不仅是服务技能的培训，对其某些变通点的传达也很重要。

案例分析 11：培养顾客忠诚度

蒋总是餐厅十分重要的大客户，每次过来消费都很高，对于餐厅的菜品跟服务都很肯定，每次都会带自己的客人来这里用餐，常常几个人就消费近万元，甚至万元以上。

今天蒋总来包房吃饭，蒋总提前到达，他的客人一到时，主管就主动迎上去说，您好，蒋总的朋友是吗，蒋总已在 3 号房等您，这边请。客人很惊讶，怎么一下楼梯什么都没说就知道他是蒋总的朋友。那是因为他跟蒋总来用过一次餐，主管就记住他的外貌特征，所以给了客人惊喜。

蒋总在餐厅有寄放酒，每次都提早拿出来，备着，当他要喝酒时马上就可以倒上。其实蒋总自己是不会喝酒的，但是为了应酬客人，他不得不喝，所以每次给他倒酒时都会很注意的倒一点点。但是今天他请了这些客人是会劝酒的，我在为蒋总倒酒时旁边的客人推着酒酎倒多一些，我拿紧酒酎不让他倒。几个客人说，蒋总在这餐厅可真是大牌啊，我一进来就有人知道我是你朋友，这边倒酒又故意不给你多倒。

到最后，客人都喝多了，喝不下了。客人说让服务员来帮忙喝。但蒋总拒绝他们，说我们是不可以喝酒，也不会喝酒的，这不行。

【评析】

要如何去留住一个老客户呢？

第一、最基本的就是要记住客户的相貌，称呼，这两者一定要对得上。当客人走入餐厅时，称呼其名，他会有种被重视被尊重的感觉。

第二，要记住客人的特殊爱好，比如客人爱喝什么茶，喜欢什么口味的菜品，是偏咸，甜，还是淡等等。

第三，客人有什么禁忌，什么不喜欢的。像我遇到过有客人在点整只鸡的时候，鸡头是不可以放上去的，一定要去掉，不然他会很不开心。

第四，了解客人的身体状况，可以在平时跟客人聊天中观察，得知客人的身体条件，是否有三高或其他病状，若高血脂，在点菜的时候就为他点降血脂的菜品，若高血糖，那客人在点菜时若菜的糖分高了，要提醒客人更换别的菜色。这样客人会觉得这餐厅很人性化，不只是要赚钱，还考虑到客人自身的情况。

第五，根据客人具体情况提供个性服务，比如看到客人进入餐厅抖抖肩，就要询问是否冷，是否需要披肩或将空调调高。知道当天是客人的生日，送长寿面等等。

第六、要多观察客人的行动，揣测客人的需求，主动去提供服务。带给客人惊讶与惊喜。

总之，要留住一位客户，就要站着客人的角度，想其所想，给其所要，从各个细节处去为客户考虑，给其惊喜。这样才能打动客户，让客人对餐厅有忠诚度。

案例分析 12：如何处理投诉

周末以及节假日时来餐厅用餐的客人很多，餐厅很忙，可人手不是很够，以至于在服务方面做的不是很到位，比如说上菜慢，买单难等问题，而往往在很忙的时候，客人容易在你本身不是很愉快的情况下对服务菜品等进行投诉。

某个星期六，有个客人在用餐过程中把我叫过去说我们的鸡翅是臭的，不新鲜。我们餐厅在前几天更换了菜单，他们是第一个点腐乳鸡翅的，这个菜出来后，我们都还没试吃过，也不知它的味道，当客人说鸡翅是臭的时，我拿起来闻了一下，这时我觉得鸡翅真的有味道，但我没有直接跟客人说什么，也不表现有问题的样子，让客人稍等一会，我去问清楚情况。我拿着鸡翅找到主管，主管一闻说这是腐乳鸡翅，本身就是这个味道的，我们是将鸡翅划开，让鸡翅入味的，可能客人不喜欢这个味道，但我们鸡翅是没有问题的。主管便向客人解释。但客人可能拉不下面子或之前接受到不够周到的服务而感到不满，一口咬定就是鸡翅不新鲜有问题，并且带有愤怒的情绪。这时主管就说，不好意思，鸡翅不能让你满意，这边帮你取消掉，另外赠送您两份甜品，这时客人才有稍微的平息一下情绪。

【评析】

怎样避免客人投诉跟处理投诉？

第一，要做好营业前的充分准备。像在周末、节假日，这特殊的日子里，正常情况下客人都会很多，那么得提前安排好足够的人手，不然肯定会造成服务的不周到。我相信，如果客人在一开始就受到周到细心的服务，在发现菜品有问题后不会有那么强硬的态度跟情绪。在餐厅的点心都是现点现做的，但在节假日里，是否可以先做一些平时售多的、制作过程较久的菜品，避免上菜久的情况。

第二，对于菜品，服务员要先试吃，并且熟悉其制作材料跟方法。在客人点菜时可以给予准确的建议跟提醒，若知道鸡翅是有特别味道的，那客人在点餐时就先告知客人，那就可以避免这类投诉事件。

第三，站在客人角度考虑问题。在受到不周到服务时本身已有情绪，再遇到菜品有问题而愤怒也是可以理解的，要对客人表示理解同情。

第四，把"对"让给客人。我们在接到投诉时，要有谦虚的态度，不能跟客人硬碰硬，不管是我们对还是错，都要先向客人道歉，平息客人情绪。我们要向客人解释原因，给客人满意的答案，在客人不接受时，想方法让客人满意，比如赠送礼品，菜品打折之类的。

案例分析 13：客人投诉？

　　有天晚上在西餐厅，7 点多的时候进来一帮客人，有十个人左右，西餐厅里没有这么大的餐桌，有些餐桌凑在一起的最多也就能坐 8 个人。领头的是一个年轻女人，有一些来自台湾和大陆的十来岁的孩子，还有几个外国人，后来听主管 Jeff 说是不太会说英语的意大利人。客人一进来时候我就告诉他们我们餐桌的情况，并没有其他意思，还没等我说完那个女人就生气了："那你就拼桌啊！"我没有其他意思，只是想告诉客人情况而已，这时我还没有把客人的态度放在心上。把客人带到有沙发的位置上，再把四张桌拼在一起，安排客人坐下。女人问我这里有没有充电器，我说有，于是急忙去吧台给客人拿来充电器和菜单。后来问客人要点些什么，女人指着一个台湾男孩和一个意大利先生说他们要点意面，于是我先询问男孩要点什么面什么酱，女人生气了："我们点的是意面，你到底会不会啊？"男孩也一脸鄙夷，于是我向客人解释，我们这里的意面客人需要选一种面和一种酱，男孩说要长长细细的那种，我表示明白："哦，那就是通心粉。"女人开始有点大声了："我们知道了，就是那种意面啊，你为什么还要说，你会不会点菜，叫你经理来，叫他来帮我们点菜。"我有点无奈，告知我们经理已经下班了。女人无语地摇摇头："一个餐厅一个经理都没有。"后来女人叫我给意大利先生点菜，因为前面我被女人弄得有点魂不守舍，再加上英语不太好，意大利先生指着菜单上的英文表示要点那个，我以为是汤，女人看出来我的英语不太好，没有耐心了："快快快，去叫你们经理来，五星级酒店员工英语都不会。"我跟她解释经理已经下班了，主管在外面的海景吧值班，我可以叫他进来。外面因为旺季很忙，我打电话给他想叫他进来，他前几次没接。后来终于进来了，Jeff 把他搞定了后就又出去忙了。后来结账的时候，我问客人是否有会员卡，女人说有，于是我把打好的账单拿过来给客人看，客人一共消费了 596 元，问她是否有卡号，因为已经给客人打过八五折了，她说她怎么记得了那么多，他们在隔壁的嘉华也住之类的，我就想算了吧，反正有时候随便写上去一个会员卡号财务方面也不会知道，免得再一次出现什么不悦。女人一边故意翻翻包还是没有拿出钱来（后来由一个外国客人付了钱，这些外国客人付了 600 元）一边指着吧台的方向说："不用找了，你拿着钱可以走了。"谁稀罕。我望着那几个友善的外国人，多希望他们能帮我说说话，但是他们根本就听不懂我们在说什么。第二天早上那个客人又来亚萃吃自助早餐了，站咨客的同事询问她的房间号，她白了一眼，什么都没说就径直进来了……

【评析】

　　直到后来还是不知道自己错在了哪里，自己的态度好到自己都有点惊叹，但是为什么当主管 Jeff 为客人服务的时候那位女客人的态度也挺平和的，也没有说态度不好。肯定是有原因的。从客人进来的那一刻起我就很热情地为客人服务，客人进来时就说要个大桌，我就跟客人解释说没有这么大的桌，客人说拼桌时我也爽快地答应了。没有察觉客人情绪，而是对客态度从头到尾一直很好。在给客人看菜单后没有给客人介绍一下菜单，当客人点意面的时候客人因为不了解本酒店点意面的方式，而后向客人解释时客人反而生气了……我并没有嫌弃他们不懂意面的意思，也许他们误解我的意思，应该要大概观察客人的性格特征来进行解释。一般情况下餐厅营业时都会有一个主管值班，刚好那天没有主管在亚萃餐厅值班，经理也已经下班了，客人需要找我们上级领导的时候没有及时找到领导，这也是引起客人愤怒的原因，自己的英语不过关完全是自己的问题，所以说学好英语，练好口语在酒店行业真的很有用处，不要让客人觉得五星级酒店的服务员竟然连英语都不过关，不过在菜单对应的英文还有一些意面的相关常识部门也没有给我提供过培训，要学会应对不同层次的客人。

案例分析 14：客人投诉？

有天晚上海景吧开完海鲜烧烤自助收完餐后照例来宵夜，差不多到 22 点 30 分时，两头班的同事准备下班，其中一位同事因为要下班就把工作交接给我，让我给台号 B10 的客人点单，我就拿了点单本给客人点单，客人一男一女，女客人在一旁没怎么出声，男客人在另一旁问女客人要吃些什么，后来男客人点了一份鸡翅，还有一个水果盘，我给客人重复一遍所点的菜之后让客人稍等，客人表示好。照例地我把点好的菜单拿给收银员入单，再把打印出来的白联拿给吧台后面烧烤档的厨师，红联自己留着，方便自己等厨师烤好后上菜。在收银员巧云入单时我特意提醒了一下她客人点了一份水果拼盘，海景吧靠近海边，如果客人点了水果盘是要进去酒店的冷厨取的，我以为她会告知主管照例让男同事进去取，他们取出来之后会给客人上，这样之后我就没管水果拼盘的事，忙着去看看是否有客人需要什么帮助。等鸡翅烤好了就根据台号给客人上菜，上菜时提醒了一下客人，"您好，这是您的鸡翅"，客人突然发脾气了，我一下愣住了。看我上了一个鸡翅之后，客人怒起来，"鸡翅怎么才一个！"然后告诉客人，他们确实只点了一份鸡翅，"怎么不告诉我一份鸡翅只有一个，两个人一个怎么吃，还有我的水果盘呢？"，我突然哑口无言了，"额，您也没问，我以为客人都知道，其他客人都是这么点单的，水果盘马上给您上"，"昨天也是你吧？"我恍然大悟，原来是昨天下午在亚萃的那两位客人，怪不得刚刚在点单的时候，觉得客人有点面熟而且感觉不太好，竟然忘记了是昨天下午的那两个客人，前一天下午客人抱怨没有给他们上南瓜汤，其实当时点完单之后有帮客人重复菜单，客人也表示没有问题，客人也是像这次一样，一下子就生气了，后来经客人同意后给南瓜汤重新加了单。他说他认识所有喜达屋集团的总裁，他要投诉这家喜来登，没见过服务这么差的,是他见过的最差的喜来登,还说我把昨天的责任推到他身上,后来主管 Jeff 为我平息了这件事,还告诉我那是喜达屋集团的某个高层……

【评析】

因为是喜达屋集团里面的人,对服务方面的要求颇高。对于前一天下午那件事,上菜的时候发现他的汤还没有上,然后我向他解释说我没有听到他说点南瓜汤,只是询问了一下这个菜品,后来确实是有给客人重复了一遍菜单,客人也表示没有问题。但是后来他争执说他点过南瓜汤,说的是英文,说我把责任推到他身上。第二天点菜的时候刚开始我也没认出来是昨天的那位客人,对于高要求的客人是应该多加留意的,点鸡翅的时候菜单上标明的是每份 18 元,客人不了解一份是一个,有时候客人点的时候会询问一份有多少,但很少会自己主动给客人介绍,也没有为客人考虑两个人大概会点多少的问题,但确实经常会存在两个客人只点一人份的,这次我也以为这样。水果盘点完之后我就没有跟了,这个确确实实是我的失误,点完每个单的时候应该跟好自己的单或者是跟同事主管交接好,免得在点完单之后断了,那边客人一直在等我们这边以为已经给客人上了,跟好单的话就不会出现这样的情况。当出现问题是,我们不应该跟客人去解释、去讲道理、去讲前因后果,客人大都会误以为你在推卸责任,不负责任,把责任推到客人身上,相反地更应该想办法及时去补救,就算是客人有错在先,毕竟客人是来消费的。

案例分析 15：客人的抱怨

过年期间比较忙,人手不足,当时领班安排我一个人看外场,外场总共设有三张桌子 o1,o2,o3。当时我去接手时 o1 和 o2 是还没有上餐具,也就意味着客人只是刚领进来入坐,没有任何服务员前去招待过。o3 是点完菜,点完茶,但是点完茶后服务员却迟迟没上前来倒茶。我一到之后,了解完情况立马拿了两本菜牌分别递给 o1 和 o2 的客人,然后又快速为 o3 的客人倒茶。完了之后我又走进餐厅内准备两桌的餐具分别为 o1 和 o2 的客人摆上。结果我摆完 o1 的餐具后,要去为 o2 的客人摆餐具时,客人很不高兴地说:"你们酒店可不可以多安排几个服务员啊,怎么就你一个人,我们在这里坐了这么久都没个人来招呼我们,我们在网上看过关于你们酒店的评价都很不好,我还想说五星级酒店应该也不会差成什么样子,想说就来体验一下,结果你们酒店真的是太让我们失望了。"我听完客人的抱怨后,赶紧微笑着温柔向客人解释:"先生,我为让你们在这里坐了一段时间还没有服务员上前招待感到非常抱歉,因为现在是过年期间,正是酒店的人流量最多的时候,您也看到了里面的座位都满了。所以人手确实不太够,我们主管也已经从其他部门调来人手帮忙了,非常不好意思耽误了你们宝贵的时间,我们这边有普洱,铁观音,菊花,请问要喝点什么茶吗?"客人听罢摆摆手,说:"罢了,快拿菜单给我们看吧,快要饿死了。"

【评析】

　　首先,就是人员安排十分不合理,领导者对春节期间更多客人会前往中餐厅就餐的情况应该要有预见性,在客人就餐之前,先对服务人员的工作进行分配,倘若此时发现人手不够,便可以提前从西餐厅或者宴会厅调部分人手过来进行简单地培训方便他们上手帮忙,这些准备工作才能保证接下来的服务工作能高效且有条不紊地进行,为客人提供最舒服称心的服务,让客人愉快地享用晚餐。其次,除了人员安排没有事先做好之外,其他的准备工作也没有做好,例如外场的桌子是不摆放餐具的,怕会有灰尘染上,因此每次都要走到餐厅内去拿,数餐具,端出去再摆上,而这在很忙又人手不充足的情况下就会造成客人被冷落,无人招待的现象。事实上,可以在外场摆放一张台子,事先把足够的餐具堆放好,再拿干净的台布盖上,这样的话可以减少服务员不断来回取餐具的时间,有效地提高工作效率。最后,面对突然间非常多客人前来用餐的情况,领导者要面对紧急情况做出正确地解决方法,像是我本来是看大厅的,突然把我叫去看外场,那我就必须要花费一定的时间搞清楚外场的状况,甚至还要重新问 o3 的客人需要什么茶,而客人给的回答是,我们刚刚已经点了菊花茶了,但是服务员一直没过来倒茶。且不说在询问的时候已经浪费了一定的时间了,也会加剧客人的不满,使客人更加不耐烦。而我也不清楚最开始那个服务员去哪了,可能被主管叫去看另外某个地方了吧。

　　其次,准备水过去,因为外场离厨房接水处还是比较远的,这样可以减少来回走路的时间,在人手不充足的情况下,可以更好地为客人服务。

案例分析 16:泡茶引发的深思

　　有一天中午,一对中年夫妇到中餐厅吃饭,领位将他们带到外场入座后,我上前去询问:"先生,小姐您好,我们这边有菊花,普洱,铁观音,请问要喝点什么茶吗?"那位女士一听就说:"哦,给我们来一壶开水就行,我们自己带了茶过来泡。"于是我就说:"小姐您可以把茶包给我,我帮您泡。"女士摇摇头:"不不不,你们这边有没有泡茶的工具,我们自己泡就可以了。"我十分抱歉地说:"不好意思,我们这边没有泡茶的工具。"女士又说:"那你们泡茶是去哪里泡的,你带我过去,我自己泡吧。"可是我们泡茶时用的水箱是放在厨房内,客人是不允许入内的,所以我再次说:"小姐,我可以为您泡茶的。"那位女士眉头一皱,说:"这个茶你不会泡的,第一遍不要放太多水……"我微笑着接过话茬说:"然后洗一洗,把水倒掉,再加满水让它泡会儿。"女士点点头,把茶包递给我:"好吧,那你拿去泡吧。"我去泡茶的时候,顺便提了一壶热水过去,因为外场离厨房接水处还是比较远的,这样可以减少来回走路的时间,在人手不充足的情况下,可以更好地为客人服务。

【评析】

首先,服务员在面对客人提出餐厅本身无法满足客人的要求时,要十分诚恳地向客人表示抱歉,仔细讲明原因,求得客人的谅解,并且快速地提出既能够让客人感到满意又不损坏酒店利益的解决方法。如果问题的解决方法超过服务员所拥有的权限时,服务员应该立刻与领班等管理人员解释清楚事情的来龙去脉,获得解决事情的权限或者是让她们上前为客人解释和解决问题。其次,酒店的许多设备是不充足的,是达不到五星级标准的。像是中餐厅以典雅淡然为主要特色,以茶道为突出特色的一个餐厅,那么它的相关配置就必须要完善,比如泡茶的工具,不止是茶壶,还有一些其他的辅助工具,也应该适当地购置一两套,以满足部分客人享受亲自泡茶的舒适过程。最后,当我们作为服务人员在面对客人时,一定要有耐心和自信心,而且要保持冷静不慌张。服务员对所服务的客人要根据情况区别对待,对症下药,同时要以"顾客就是上帝"为基本准则。有些客人搞笑些,有些客人感到寂寞;还有一些客人喜欢大惊小怪,小题大做,她们希望得到满满的关注;还有一些客人初来乍到,对周围的坏境比较陌生,她们非常需要服务人员对菜式的介绍和推荐。最重要的一点是,服务人员必须要掌握对客服务所需要的基本技能,比如泡茶,介绍菜品,处理紧急情况等,用专业的知识、熟练的技能让客人放心舒适地享用美食。

案例分析17：送花胶事件引发的思考

酒店最近在微信营销上推出一种优惠,晚餐在西餐厅用餐,每位成人送一盘花胶烩红豆,有一天一位女士一进门就问服务员小简,你们的花胶在哪里,小简很有礼貌的回答了她:"花胶会在您用餐过程中由服务员送过去,请先用餐,稍后便送来,同时提醒您,花胶是不包含在自助餐里面的"。女士听完小简说的还算表示满意,她说她就是冲着花胶才会来的。她表明她是通过在微信上看到凯宾斯基宣传说自助餐里面有花胶,为了以防万一,她还打电话到西餐厅的前台来问了,确定是这样才来的。说既然不是任吃的,那就多送几盘给她,要不然感觉受骗了。小简表示不行,跟她说顾客想要再多花胶的话,是需要自行购买的。客人还是不同意。鉴于这样,小简便向主管反应了这样的情况,并向客人表示会尽量向上一级反应,能否成功就不确定了。

主管去协商后,最后是以多送了这位女士一份花胶结束了这件事情。女士也算没有什么抱怨了。

【评析】

第一,这个案例的解决虽不算完满,但也算是解决了,既消除了客人的不满意体验,防止了客人投诉,又不算是使餐厅损失太大。不过这仅仅是表面的解决,对于这件事的发生,还是需要究其原因,从根本上防止这种事的再次发生。

第二，这个事件发生的一个原因是微信营销时提供的信息不清晰，让客人产生误解，客人在看信息是不能确定是不是包含在自助餐里面且免费任吃还是只限量送，送多少份，这些客人都不能清晰了解，产生误会，还要打电话到前台确认。

第三，还有一个原因是前台的咨客对微信营销的这个优惠并不清楚，并不了解餐厅送花胶具体是什么情况，以致于客人打电话咨询的时候不能给予准确的回答，造成客人的误解。前台在客人问到一些不是很了解的事情时，不应该是凭感觉回答，不懂就应该先问问清楚再做回答。

第四，餐厅方面，每推出一项新的活动或优惠时，应确保每一位相关人员都能了解情况，以便进行应对。

案例分析18：点餐服务事故处理

西餐厅除了提供自助餐，还提供散点服务，散点服务有更高的服务要求。这天，来了一对散点的客人，是一位先生和一位女士。咨客给客人带完位后，服务员小简立马送上两本菜单。女士点了汉堡系类里一份熏火鸡，男士点了一份烤三文鱼。小简是第一次做散点服务，有点紧张，怕搞砸了。客人点了菜之后就匆匆下单通知厨房做菜。30分钟过后，两道菜都做好放在了桌子上等服务员送菜上去。小简并不清楚这两道菜长什么样子，送上去的时候，就错把男士的考三文鱼送到了女士面前，把女士的熏火鸡送到男士面前。过了一会，客人突然发现，就自行换过来了，没有表示不满。后来女士提出疑问，说熏火鸡是否是正确的，因为是汉堡的模样。服务员小简由于不清楚菜品，便跑到厨房准备问厨师是否是做错了，恰巧厨师又不在，小简就愁着四处找厨师。刚好客人又赶时间要去赶飞机，就不管菜是不是对的准备打包。小简连忙拿了打包盒给客人打包完送过去了。客人匆忙的走了。这两位客人是酒店的老客户了，对于服务员的一些小失误都没有生气。都是笑着表示没事。极具素质。小简对这次的服务感到很懊悔，没有给这两位客人提供好的服务。

【评析】

第一，这次服务肯定是失败的，客人的用餐体验肯定是不愉快的，首先是上菜给客人交叉上错了，其次客人对菜有疑问是，服务员小简没有提供及时的解答，客人赶飞机，最后问题没有得到解决救匆忙打包走了。这对于客人来说，用餐体验都是不愉快的。要是碰上脾气暴躁或是对这方面比较在意的客人，肯定会引来大骂并投诉的，结果肯定不会是这么平静的。

第二，造成这次事件的最主要原因是服务员小简对于餐厅菜单的不熟悉和不知道餐厅的菜品，如果熟悉菜单，就能知道熏火鸡是在汉堡系类里面选的，就可以肯定熏火鸡是汉堡模样的,在客人表示疑问时可以及时解答。若小简对菜品了解,知道菜单里的每一道菜是什么样子的,也就不会上错菜,后面的一切事情都可以解决了。

第三,客人对服务员小简的不周到服务没有抱怨,除了客人素质原因外,小简的服务态度肯定是占了很大的一个原因,小简知道自己的服务不周到,所以对客人一直表示抱歉并努力提供更好服务,可见。服务员服务态度很重要。

案例分析 19:客人的会员卡积分

某四星级酒店的总经理 Paraki 每个星期都会来一所五星级酒店的餐厅用餐,也是喜达屋集团的 SPG 会员。SPG 会员是享有喜达屋集团旗下酒店的餐饮折扣,可积分兑换房间或机票的。在亚荤用餐,服务员会询问客人是否为 SPG 会员而对其消费进行折扣,如果客人没有要求,是没有替客人积分的。

有一天,Paraki 用餐后,结账时询问到 SPG 会员的积分问题:为什么他用餐那么久,积分都没有增加? 客人问到,我们自然如实回答:由于你没有主动提出积分,我们没有将其积分,不好意思! Paraki 很生气,认为这是不合理的,有消费自然就会有积分。毕竟酒店在这方面存在错误,所以向 Paraki 承诺:将会对他以往在酒店的消费进行积分,并且之后的用餐消费也进行积分。Paraki 认为这样的一种处理方式挺合他心意的,所以就没有在追究下去。自从这次之后,Paraki 来用餐,结账时都会提醒我们积分,我们也会事前准备积分卡。

分析:喜达屋集团推广 SPG,其目的是激励消费者加大消费力度,促使酒店综合经营活力不断上升。SPG 的形式是:会员持 SPG 会员卡消费累计积分,积分充盈则返还奖励。会员卡的好处有以下几点:

1. 吸引消费者能够长期在集团旗下酒店消费,培养一批忠实的消费者。长期顾客带来的固定收入是酒店的生命源泉。因为它们帮助酒店实现盈利和占有相当市场份额。

2. 会员营销是一种情感营销,而会员卡正是建立商家与会员之间感情的桥梁,通过会员卡能够把会员与商家两者紧紧绑定在一起,商家通过会员卡让会员更多地了解商家店面、产品、活动信息。

3. 会员的购买行为是可预测的,而且通常对价格不像临时客户那么在意。

4. 吸引新的临时客户发展成为长期客户。顾客们一边为提供的服务和产品本身吸引,一边也被附加的物质利益,如折扣和积分所影响。

然而,推广会员卡,却没有重视会员的积分问题。这无疑是拥有一批良好的苗子,却没有肥沃的土地,最后还是不能长出应有的姿态。酒店注重会员卡的推广,但同时也不要忽略会员的存在,维持与他们的联系。

其外,消费者应懂得维护一下自己的消费权益,要多了解会员卡、信用卡等之类的消费知识,适时享用应有的优惠和应有的福利等。Paraki 就是注意到了其会员卡的问题,及时反映出来,就能得到其该有的积分。

案例分析 20：没开自助餐引起的风波

某天酒店入住率不高,其中有一个家庭通过旅行社预定了 2 个房间,房价里面包含了早晚自助餐。客人入住酒店前,通过打电话向前台确认入住当晚是否有自助餐,前台同事当时回复说是有的。客人来办理入住时,再次向前台确认是否有晚餐自助餐,前台同事再次告知客人说是有的。

晚餐时间,客人带小孩子去西餐厅用餐,却被告知没有自助晚餐,不过可以用晚餐的费用在中餐等价消费。客人听了很生气,觉得被欺骗了,关键是孩子饿了,孩子很期待自助餐。当时只有我和另一位同事在,领班和经理都不上班。客人来到中餐厅就开始大骂。期间,客人打电话去给旅行社,要求旅行社解决问题,不过好像没有得到满意的答复,旅行社把问题推给了酒店。客人说酒店如果没有有效解决问题的话,就向集团投诉,向媒体投诉。当时客人情绪比较激动,我们只能尽量聆听,进行安抚,并应客人要求打电话给前台经理和餐厅经理。

前厅宾客关系主任和西餐厅经理闻讯赶来。客人表达不满,要求酒店减免部分房价,送 SPA 券。由于客人通过旅行社订房,酒店无法改变价格,就提出将客人行政客房升级为水疗房。客人不满意客房,酒店只好将客人升级到温泉房。

【评析】

本案例中由于没有提供自助晚餐引起的赔偿,虽然酒店有提供等价中餐服务,客人还是在酒店吵闹,但最根本责任在于酒店。

第一,酒店属于度假型酒店,这段时间常常会因为入住率不高,不提供自助晚餐,转为等价中餐。当客人还没来酒店,第一次打电话询问时,前台同事应该根据预订系统查看那天入住率,然后向客人说明情况,若不提供自助餐会提供等价中餐,而不是向客人保证有自助餐。

第二,送客人餐券等是前台的权利,前台同事应该很清楚当天入住率,是否开自助餐。当客人办理入住时,再次询问前台同事当晚是否有自助晚餐,前台没有向客人解析,而是说有。这是客人生气的很大原因,感觉被欺骗了。这体现酒店服务过程中需要严谨性,可能一句不恰当的话就会引起客人投诉。

第三,酒店在客人入住后才被告知没有自助餐,会一定程度地降低某些客人对酒店的期待值和满意度。

另外,就本案例的情况而言,酒店一般可按规定适当赔偿客人损失,同时尽可能在住店期间提供更优质贴心的服务。可是考虑到客人情绪比较激动,处理不好带来负面影响比较大。酒店代表诚心道歉,并应客人要求,客房升2级。客人在中餐发泄不满,中餐同事服务过程却很细心,很尽力,很贴心照顾小朋友和其他客人。期间,中餐同事观察到其中一位客人感冒了,特意叫厨房煮了姜茶给她。最后客人离开中餐时,还表达谢意。

案例分析 21:收不收酒水服务费?

某天晚上,三位女士带着一瓶红酒来中餐厅用餐。虽然国家政策规定酒店不能收开瓶费,可是酒店换名说收杂项服务费,红酒100元,洋酒200元。

服务员在领位的时候看到客人拿着红酒,便按酒店要求委婉地提醒客人要收100元杂项服务费。客人听后有点激动,很生气,说国家政策规定不能收,其他一些酒店也不收,怎么到这吃饭就要收呢。服务员看客人据理力争,自己也没有权利做这个决定,感到很尴尬,便叫客人稍等,再上报领班。领班听后,委婉与客人解析,说这是酒店规定。刚好我们餐饮部经理也在,经理也委婉地向客人说明收杂项服务费的原因,不过可以打半价,收50元。客人还是不太愿意给这个钱。

当时,可能有客人出外场抽烟,把外场的门打开了没关好,让苍蝇飞进来了,刚好掉在三位女士的餐桌上,客人叫经理去看。经理道歉解释后,马上叫同事帮客人换一套餐具,换一张桌,免了客人的杂项服务费,还拿出酒店仅有的3个接待VIP的U型醒酒器给客人使用。客人经历了要求收杂项费和餐桌现苍蝇,餐厅同事尽力弥补,服务态度更热情,服务质量比较好,最后客人也感到比较满意,才不被投诉。

【评析】

国家政策规定酒店不能收取酒水服务费,可是大部分酒店还是有内部规定要收,本酒店不过名字换为杂项服务费。可是,并不是所有客人都愿意付酒水服务费。

第一,服务员按酒店要求提醒客人收酒水服务费,符合酒店职业要求。当客人不愿意付酒水服务费时,服务员无权决定,只能听客人倾诉,然后请求领班帮助。由此可见,餐厅经常会发生一些小意外,可是服务员权力有限,常常要请求上级帮助,无法及时解决问题,提供优质服务。

第二,酒店本应在国家政策规定下不收酒水服务费,可是酒店内部规定:见到客人自带酒要提醒客人收服务费。有些客人会愿意付款,但有些客人是不愿意的,如案例中的客人。是否收酒水服务费,餐厅常常视情况而定。免除酒水服务费的情况有:情绪比较生气,拿国家政策法规据理力争的客人和餐厅熟客。如果客人虽不太愿意,但态度不够强硬,餐厅还是会收的。为了酒店餐厅收益,也许需要这种随机应变,可是会出现特殊情况。比如，大厅有 2 桌客人拿酒来了，一桌收酒水服务费，另一桌由于客人态度比较强硬没有收。那么给了钱的客人就会觉得同样的服务被差别对待，会生气，可能会投诉。

第三，餐厅全免客人酒水服务费很大原因是有苍蝇掉在餐桌上了。如果没有苍蝇掉在餐桌上，客人就要付 50 元，这在某种程度来说，会降低客人对餐厅的好感。

本案例中，餐厅经理能及时解决问题，和餐厅同事尽心尽力为客人服务，弥补其中不足，获得客人肯定，维护了酒店声誉。

案例分析 22：我的乌冬面怎么还没上

2014 年 3 月 23 日中午张先生和几位生意伙伴来到日本餐厅用餐，我们很礼貌地接待了他们，但是他们坚持要房间，餐厅规定六个人以上才能有房间，我们员工就这样回复了张先生，当时他就有点生气了，刚好颜主管经过看到此状，就跟客人解释说，不好意思，张先生我们小房没有了，您看这间大房可以吗，因为中午来的顾客比较散都是五六个的，小房都订满了。张先生就说有点大，三个人坐的话有点空空的感觉，你看能不能安排大厅好的位置给我们，我说刚好三号靠窗位置取消，张先生就点头说也行就坐下了。开始点餐了，张先生点了好多，因为他是一点十五分到店的，又是吃自助餐。所以主管看着他们吃得差不多的时候，就把他们的分量安排少一点。一段时间后张先生可能看到桌面的菜够了，就要求停菜了。然后只上三个主食乌冬面就好。张先生就一直跟他的客户谈生意直到三点也就是已经结束营业了，就留下我一个服务员在上班。突然张先生很生气地冲着我说，我的乌冬面怎么还没上，我就说不好意思，你这边不是已经停菜了吗？加上厨师那边也已经下班了。从而造成投诉。

案例分析：从这个案例看到好多问题，第一就是客人坚持要房间的话，不要马上告知没有房间，因为张先生是熟客，酒店餐厅一般都会尽量满足熟客的要求的。员工也要熟知餐厅熟客，以免发生不愉快的事情。第二就是交接工作没有做好。两头班一定要把工作交接好，跟厨房那边也要交接清楚，客人还有什么要求等等。看这个案例，很明显的就是知道张先生的要求的那位员工没有交接清楚，张先生是说除了主食乌冬面要上的其他的都不要，但是厨房那个员工说没有被告知还要乌冬面，我是上直落（连班）的，但是也没有员工跟我说那张桌的客人还有乌冬面没上。还有上直落的遇到这种情况的时候自己也要尝试去解决，当然一定要有温和的语气，要有"顾客永远都是对的"的理念来对待客人，案例中，直落的同事不应该说：您的菜不是已经上完了吗，而是说不好意思，您这边的菜没上完我表示道歉，我们餐厅的厨师都下班了，您要是还需要的话，我马上让值班的厨师做给您，但是味道可能有点不一样，因为是中厨那边出的，今天我们餐厅没有值班厨师等，不能解决的话一定要告知当天的值班经理。

案例分析 23：下次还会再来

2015年5月3号晚上，因为是节日所以客人比较多，外国人也比较多。晚上大概七点半左右，有一位女性的外国友人先来到餐厅，我们员工很热情地跟她打了声招呼，然后我上前询问她："Do you have reservation？" 她说："No"接着我问："How many people？" 她回答说："Two people，and my husband"接着我就翻译给我的主管听，但是今晚预定都满了，不过要是客人不介意有点油烟的话还是可以安排坐在铁板台得，主管这样回应说。然后我就翻译给客人说，客人说没问题，just OK。然后我就带她坐下了，她笑着跟我说谢谢。我问她现在需要点餐吗？她说先不用要等她丈夫下来先。我回应她说，等一下有需要的话直接叫我们服务员。然后她点点头示意说好。不一会，她的丈夫下来了，她呼叫服务员，刚好我在忙，餐厅就我一个懂一点英语的，那位同事想要问他们是要吃自助餐还是单点呢，不会说，场面还是有点尴尬的，因为作为一个五星级的酒店，多少要有一个服务员会英语的吧。然后看到此状，忙完赶紧上去服务，虽然我的英语不是很好，但是基本的我还是懂的，最后完成了点餐，他们是吃自助餐。那位男士还跟我击掌称赞我，我的心情是愉悦的，我还不时地询问他们还需要加单吗，适时加茶水换骨碟。最后用餐完毕，他们说我们服务很好，菜品也很好，味道不错。下次来中国旅游还会选择这个酒店。

【评析】

从这个案例可以看到一些成功的因素。第一就是服务员的迎宾服务做得好，微笑迎客，及时解决问题，给客人留下了深刻的第一印象，有了愉快的开始。服务员要做到礼貌待客，微笑迎客，及时为客人解决问题。第二就是没有因为位置订满了马上回复客人没有位置了，有及时告知主管情况，有效的解决了问题，要是服务员当时立马就回应说没有位置了，客人的心情肯定是不好的，加上又是外地房客对周边的环境不熟悉，一下子肯定是不知道去哪里用餐的。第三就是点餐的时候及时发现顾客与某个服务员的沟通问题，及时上前解决得到了顾客的称赞，这样的服务哪位客人会不满意的呢。所以我及时发现并解决问题，给顾客留下良好的印象，这也是服务行业的关键。第四就是适时询问顾客的要求和服务客人，如帮客人加茶水，撤掉多余的碟子还有换骨碟等服务。这也会给客人留下很好的印象，就会让他们感受到顾客至上的真谛。综上所述，我们要培养更好的服务意识，每个餐厅至少要有一名懂外语的员工，加强产品知识与技能，这样才会有更高的服务质量，才能赢得更多的客人。

案例分析24：用餐意外事故的处理

　　有一对夫妇带着他们的小孩(约六、七岁)过来西餐厅吃自助晚餐,他们的小孩在喝可乐的时候不小心把玻璃杯咬碎了,那位妈妈刘女士想让他们的孩子漱口把残留口中的玻璃渣吐出来,但是小朋友没有领会他们的意思把水吞了下去,他们非常地紧张害怕,也指责服务员小张:"你们怎么给我们用破损的杯子,万一小孩吞了玻璃怎么办,你们怎么负责?"服务员小张一时不知所措,只能不停地道歉,这时餐厅崔经理过来了,小张马上跑过去叫经理过去帮忙处理,经理并没有马上过去,而是让小张详细地给他讲了事情的经过。刘女士看见餐厅经理迟迟没有过来处理事件,而是不知道在跟服务员交流些什么,以为他们不负责任便更生气,嘴里喊着马上叫你们经理过来,想要投诉。

　　崔经理在了解事情经过后,马上过去给客人道歉,用手电筒检查了小朋友的口腔,发现并没有什么大碍,并一边重新询问客人确认事情的经过,安抚客人的情绪,待客人情绪稳定后向他们解释这一事件发生的原因可能是小朋友喝汽水时咬杯子刚好咬中了着力点,玻璃杯就裂了,所幸的是没有什么大碍,只是虚惊一场,并再一次给客人致歉。

　　虽然没有大碍,但是他们心有余悸,饭都没吃完就带着孩子回了房间。崔经理也不好再说什么,只好亲自送他们回客房,并嘱咐他们再次让小朋友漱口,检查口腔确认无事。事后,由于他们没吃什么饭,便赠送了牛扒以示歉意,他们也表示满意。第二天早上,那对夫妇去餐厅用餐时,经理再次询问孩子的情况表示关心,并提醒注意服务,用完餐后,客人对我们的处理和服务表示满意。

【评析】

　　这是一起由于餐具发生破损引起的意外事故,涉及到人身安全需引起高度重视,处理不当则会严重影响餐厅的声誉。上面的案例中,餐厅经理了解事情经过后,第一时间确认小朋友是否受到伤害,确认没事后赶紧安抚家长的情绪,并亲自送客人回客房且赠送牛排,以及第二天的后续优质服务,表明了餐厅对此事件的重视和对客人的真诚与关心,餐厅处理问题的质量客人看在眼里,自然不会继续为难而是表示满意。

　　虽然确实是因为客人自身原因才造成的杯子破损引起事故,但是餐厅所用的水杯是薄的高脚玻璃杯,餐厅没有考虑周全,小孩子如果有喝东西时咬杯子的习惯确实会存在风险,所以餐厅负起责任,应该善意的提醒小朋友或家长此物是易碎品,不要用牙齿硌或咬杯沿,又或者直接给小朋友换一个不易破损的杯子,做好预防工作。

　　当该类事故已经发生时,关乎客人的生命安全,我们应高度警觉,第一时间了解事情的来龙去脉,分清事态的轻重,把握重点。像这种安全事故,我们应把客人的生命安全放在第一位,若真的伤害到客人应第一时间做好急救工作不能耽搁,若确认只是虚惊一场没有大碍应首先做好安抚客人情绪工作,避免客人情绪激动引起的投诉事件。不管怎样,事后酒店都应真诚地道歉,做好补救措施,表示我们的关心与诚意,最终的结果是要让客人满意我们对事故的处理态度和方式以及我们的服务。而不能把责任推卸给客人自身原因,否则我们不仅会失去一位顾客,严重的还会影响酒店的声誉,失去更多的顾客。

案例分析25:客人对菜品不满引起投诉的处理启示

有一对情侣在西餐厅用餐,点了一份牛排,一份意大利面和一支红酒。在用餐过程中,因为天气,餐厅周围环境和灯光吸引的原因,有很多小虫飞来飞去,有时还会掉到他们的酒里。客人向服务员小刘反映这一情况后,小刘表示歉意,建议可以给他们点个蜡烛驱一下飞虫。他们又吃了一会后,那位男士又把小刘叫过去抱怨:"你看这牛排外焦里生还能看到血呢,意面吃起来没有味道,红酒也因为小飞虫浪费了不少,这可不行,我看你们自助餐布菲台上有薯条,你能不能到那里给我们取一些过来,这不过分吧?"客人的面部表情和语气并不会太差,但能感觉到他们的用餐体验并不好。小刘表示理解后,表达歉意并询问需要不要再帮他们把牛排和意面加工一下,并解释自己并没有权力给客人赠送食品,需经过领班的同意。客人表示不要再加工后,小刘便请他们稍等一下,自己先去跟领班说一声。

小刘跟领班讲清楚缘由后,领班便同意给他们赠送一份薯条。待小刘给厨房下单后,便向客人反馈信息,需要他们再稍等一下。客人得知可以为他们赠送薯条时,非常的开心。后来,餐饮经理得知客人用餐对食品不满意这一情况后,向小刘问清事情的经过,进一步采取补救措施,得知客人要去大堂酒吧便主动引领他们前往,并帮助客人选好合适他们的酒后又交接好大堂吧同事注意服务细节。客人对此表示非常满意。

【评析】

案例中,服务员一直以良好虚心的态度聆听客人的抱怨,也尽力帮助满足他们要求,客人的情绪得到宣泄,要求也得到满足后自然气就消了。后来经理的一系列补救措施,更体现了餐厅尽心尽力的服务品质,客人感受到餐厅的诚意,自己的自尊心也得到很好维护,所以对此表示满意。

客人对食品投诉有三种:

1. 真心为酒店提建议以引起我们的注意。

2. 夸张描述餐厅的过失,为了得到某种程度的消费优惠与良好的待遇。

3. 客人情感因素引起的,只是为了发泄心中的不满,想找个人发泄。

对于第一种,我们要做的是向客人致谢,表明会向上级转达建议。及时反馈给上层领导,让他们了解情况过后做下一步决策。需要特别注意的是第二种,我们应向客人致歉,不可与客人对峙,积极了解他们的需求后,在不损害自身利益的前提下尽量满足他们的需求,接下来的服务也应当注意细节,维护好他们的自尊心,因为一旦处理不妥当很容易引起客人情绪激动带来更多不必要的麻烦。对于第三种,我们要认真倾听他们的不满与抱怨,并注意服务,用真诚的微笑拉近距离去感染打动他们,让他们感受到被尊重与重视。

不管是那一种,处理好都能大大提高客人的用餐体验,所以我们首先都要认真的倾听了解客人的需求,再从客人角度看待问题,诚心诚意地帮他们解决问题,过程中请保持良好的态度与微笑。

案例分析 26:送不到的外卖?

今天顾客点了一个外卖,地址不详,所以打电话给顾客询问他的具体地址,来回打了十几个电话,一直无人接听。时间在一分一分的过去,我第一时间在电脑系统报备"联系不到顾客",这样的话,就算顾客打电话到公司那边询问,也不算投诉。40分钟过去了,还是打不通,所以就把顾客的那单删除了。

10分钟后,顾客突然打电话到餐厅询问"都这么久了,为什么我的外卖还没送到?"我实事求是的说明了这个情况,顾客大发雷霆——"你们说地址不详,之前我叫的外卖都有送到,为什么这次送不到?我都是你们的常客了,你们现在还没送过来,迟到了那么久,你们的投诉电话是多少?我要投诉你们餐厅……"我的解释显然说服不了他,就把电话给了我们的外送骑手,骑手询问我有没有报备,得到肯定回答之后,他觉得报备了之后就没有投诉,说话显然没有什么耐心,顾客一直很难缠,还在电话里破口大骂,我们的外包骑手后面直接挂掉了顾客的电话。事情并不会这么简单的结束,几分钟之后就收到公司那边的电话,说顾客投诉我们餐厅服务态度极其恶劣,还要求餐厅经理务必回复电话给他,还好此时有我们餐厅资深副经理在,她费了一番口舌后,通过立即送餐点给他并免单,才解决了这个问题。

【评析】

本案例中由于没有把顾客的餐点送到而引起的纠纷,虽然与联系不到顾客有点关系,但主要责任仍在餐厅方面。

第一:经过多个电话,联系不到顾客之后,第一时间系统报备"联系不到顾客",是正确的,但是,并不能把他当作救命稻草,以为报备之后就万事大吉,后面还要多留意顾客打过来的电话。

第二:在收到顾客打过来的电话之后,可以换一种更委婉的说法,如"先生你好,我们的骑手已经把餐点送到你写的那个地址了，可是到了之后联系不上你，所以他不得已又回来了，你现在能把你的地址再重复一遍吗？我们立即安排人给你送过去…"我想这种说法会比第一种好很多。

第三：不应该把电话给骑手，骑手毕竟是一般的普通员工，与顾客沟通的问题，应该由值班经理来解决。

另外，就本案例的情况而言，餐厅一般可按实际情况，灵活、适当的赔偿顾客损失，由于投诉顾客是常客，为了保留忠诚顾客，给顾客免单，这是完全可以理解的。肯德基一向"以 YES 的态度回应顾客"，从这次事件中吸取教训，纠正服务中出现的偏差，也是一种额外的收获。

案例分析 27：是否应该看监控？

我和副经理正在楼下值班，员工小林告诉我们楼上顾客用餐过程中，物品丢失。副经理告诉我"来，你和我一起去看，顺便学习下次如何独立的处理类似事件。"我们去到二楼餐区，正在用餐的王女士向我们诉说，她和她的家人正在用餐，新买的鞋子一直放在脚边那里，刚一低头突然发现其不见踪影。她觉得小偷太猖狂了，她们一直坐在这里，东西竟然被偷走，因此要求查看监控，并将该视频传到网上，把这个小偷公布于众。听她讲完之后，副经理便说："视频你看了也没什么用，再说你也不能把视频放到网上去，这样的话，你侵犯了人家的肖像权……"副经理的话还没说完，王女士就大发雷霆了，大声说："什么，我侵犯他的肖像权，那他偷东西的时候，怎么就没想到'素质'一词，还我侵犯他的肖像权……"后面又继续说她要报警。这时，副经理又说，其实报警也没什么用的，他们就是录下口供，看看监控，也不做什么实事。顾客更生气了，她说："好啦，你的意思就是说，我丢了东西什么都不应该做了"，随后便继续用餐，什么也不说了，我们也下去了。那时，我刚开始学习值班管理，也不便多说什么。

总觉得我们做的不妥，到办公室后，我说"副经理，顾客丢失东西，不是可以到我们办公室看监控的吗？之前都有让顾客进来看。你换位思考一下，你吃个肯德基，丢了一千多块的东西，你心里好受吗？"他思考了几分钟说"那好，让她过来看吧。"我去楼上和王女士说她可以看监控，她去了办公室，看了监控，是由于自己的疏忽，换了位置，把自己的物品放到原先位置，才被别人拿走了。她也怪自己粗心大意，并不像刚才那么生气，更多的是责怪自己。

【评析】

一、顾客用餐过程中物品的丢失，虽然是顾客粗心大意，但是餐厅本身也有责任。餐厅员工应记得提醒顾客妥善保管财物。餐厅应为顾客所想，多为顾客提供超前服务，使顾客在用餐过程中没有忧虑。

二、在顾客物品丢失之后，应及时应顾客的要求，让其查看监控，并协助顾客向公安部门报案。而事实中，餐厅并没有做好这一点，这样容易引起顾客的质疑——"你们是不是和小偷一伙的等问题。"

三、顾客丢失相对贵重的物品，餐厅应该为顾客丢失物品感到遗憾，并对顾客表示关心。比如餐厅为顾客额外的提供几杯饮料，从而避免因为此类事件，流失潜在顾客。

案例分析 28：签不签单

领班张三今天服务了一个白金卡客人刘先生，一般情况下，白金卡客人在大堂吧可以免费享用 Happy Hour，今天这个白金卡客人点了鲜榨苹果汁，苏联红和薯条。一般这个点都是吃饭时间了，刚好他的另两个同事也上来了，张三把他的同事小万叫过来交接，给他看了一下送单的内容并且免了服务费，并嘱咐他 5 分钟后去拿薯条，然后，和小李说了一下去开灯，就下去吃饭了，小李开完灯之后发现白金卡客人已经起身离开，小李立马追了过去跟客人说："刘先生，不好意思，您稍等一下，你的薯条还没有上。"刘先生说了一句，"你们的薯条太慢了，我们不要了"小李说："那您方便在这个账单上签一下您的名字和房间号么"

"为什么要签这个呢？以前我去别的喜达屋旗下的酒店都不用签单呀！"

"刘先生，是这样的，这只是一个流程，签一下就好了。"

"好好…那你把单拿过来。"

"好的，那您稍等一下。"

小李回去打单才发现，单子上面只有一个薯条，他立马重新点了单并免了服务费，等他把单送给刘先生签的时候，客人就发火了。刘先生很生气的把小李和张三投诉到了前台大副处。内容是他在座位上的时候，服务员没有询问他的姓名和房间号，在东西点完吃完后没有让他签单，小李追着他签单解释也不合理，他在别的酒店都不签单，为什么到这里要签单。大副说 Happy Hour 不用签单。

【评析】

此案例因签单的细节和服务没有处理好，导致浪费客人时间和没有给客人合理解释好而致使客人投诉的问题。但是主要原因在酒店，没有统一和喜达屋旗下所有酒店标准一样。酒店方面，不能因为员工的个人问题而麻烦客人给客人带来不便。张三不应该在客人落座后，只顾及自己点单的情况，只顾及自己所担心的，因为自己服务不合格而导致客人投诉的情况发生，没有询问客人房间号和姓名，一般这个事要落实的，以确保客人真的是白金卡。张三完全可以用一颗平常心去服务客人，不要怕客人投诉，不要一遇到重要客人就想撂挑子,不是每个客人都是会鸡蛋里面挑骨头,故意因为一点点的小麻烦,就去投诉的。每次服务应该称呼客人让客人有一种被重视的感觉。张三完全可以服务完客人后再去吃饭,在三个人上班的情况下,没有合理安排好每个人的工作。在同小李交接的时候,小李没确认点单送单流程是否都已经完成,在没有确认的前提下,接下了工作。在同客人解释的时候,没有合理解释为什么要签单,没有及时安抚客人的情绪。客人是白金卡,并且是长期住客,以后还是有签单的情况发生的,大副不应该直截了当的同客人说不用签单,而应该是深入了解情况之后,在能够安抚客人的情况下,尽力去安抚而不是在没有了解清楚的情况下,更加激怒客人,前台同大堂吧没有统一给客人一个合理说法。

案例分析 29:订蛋糕你忘了?

这个周六对于小金和小李来说是很忙碌的,因为宴会急需服务员的帮忙,原先四个人的晚班,变成了两个人。晚上之后,客人渐渐的多了起来。麻将房总共有三间,有预定的,有临时过来的,小李主要就是负责麻将房那边,客人的要求很多,一会要扑克,一会要加水,一会麻将自动坏了又要过去调麻将桌。大堂吧这边主要是小金负责,收银,给客人点单。大概八点左右,小金接到了一个客人的蛋糕订单,客人王先生的太太今天过生日,要定蛋糕,小金接了电话后答应了客人并询问西饼房是不是可以做,小金给客人回了电话确定了信息后,再次给饼房送信息单的时候,西饼房那边因为没有人接电话,小金就把信息蛋糕单放在了一边,后来又打过几个电话后,因为大堂吧比较忙而忘记了这件事。时间就这样慢慢的到了晚上的十点半,小金忽然对小李说糟了,有一个蛋糕忘记和西饼房说让他们做了。了解到情况后,小李给前台宾客关系经理 Kevin 打了一个电话说明了情况,小金那边给主管打了电话,具体说了一下事情的大概。Kevin 来了之后,首先据情况给客人打了电话并道歉,也提出了两种解决方案,不过这个客人看到他们也很忙,并不是故意忘记的之后,客人原谅了他们。

【评析】

此案例就发生原因而言主要是小金的失误。每个酒店都有其忙碌的时刻,我们不应该因为忙碌给自己的失职找各种理由和借口,作为服务员,不管有多么忙,既然已经答应客人了,就要尽自己最大努力去完成,在自己能力范围内去尽力完成客人的所有要求。此案例中小金已经通过总机同意客人的订单要求并答应了客人按时送过去,基于此小金应该及时的去跟进这个订单,而不是只顾着忙别的,别的客人小金可以让他们先稍等一下,或者是通知小李去饼房给师傅,完成订单的递送,如此的话即使订单延误也不会是自己的责任,做服务员不应该让自己的工作陷入矛盾的局面,客人最不喜欢看到的就是顾此失彼的场面,更不希望自己的订单因为别人的原因而没有按时完成。西饼房厨师也有问题,其实订单前后确定也就5分钟不到,师傅完全可以接到电话,但是有时候他们就是不愿意接电话,这样一来,给我们面客服务员的工作带来极大的不便。领导方面也存在问题,大堂吧是本职工作,不出现问题才是根本,本来已经安排好了的工作即使别的部门遇到突发状况,也可以委婉的拒绝,保证自己本职工作的完善,此案例中,大堂吧领导很随意的把人借给了宴会厅,并没有考虑到大堂吧可能的突发状况,其也该承担相应的责任,忙碌的时候一般就这几天,领导应该妥善的安排。

案例分析30:要啥没啥的菜单

这个星期头几天住房率是很低的,尤其是晚上,都没几桌客人。但正因为客人少,服务员也少,很多潜在的问题就都暴露出来了。某一天晚上,来了一桌有外国人的客人,但点单的是一个看着非常有气质的女客人。我负责为他们点单,遗憾的是,他们想点的菜中有四五道是沽清的,我很抱歉的向客人解释那几道菜暂时卖完了,客人有点不高兴,说:"怎么又没有了,每次来都没有,你们不会快点进货吗?"我只能无奈地说回货没这么快。客人虽然有些不愉快,但还是保持着优雅的风度无可奈何地选择其他菜式。原本以为可以平安无事的度过这个晚上,但是当客人想为她的小孩点香草口味的冰淇淋却被告知没有时,积累的不满终于爆发了,说道"一个五星级酒店,连香草冰淇淋这种最基本的东西都没有,这是不应该的,我花钱来这里是想吃我想吃的东西,而不是退而求其次。"说实话,香草冰淇淋一直都是沽清的,从来都没见有过,除了这道食物,菜单上有好几道菜也都是一直沽清的。我真的不明白,既然不打算进货,为什么还要让它出现在菜单上,让我们一次又一次地向客人解释暂时卖完。什么叫"要什么没什么",那个晚上我真的深刻了解了。后来要不是经理出面耐心解释,可能真的会引起投诉。

【评析】

我认为出现这种情况的原因有:第一,食材储量不充足,沽清的食物没能及时回货;第二,永久性沽清的菜式仍顽强的存活在菜单上,菜单更新周期期长;第三,服务员自身专业素养有待提高,缺乏应对突发事件的能力;第四,服务时,考虑问题不够全面仔细,不善于及时引导客人进行选择。

解决方法:第一,餐厅应定期及时更新菜单;第二,基本的菜式应储备充足,及时回货;第三,主动引导客人,为客人推荐餐厅的招牌菜式或者热销菜式;第四,提高服务人员自身专业素质,以专业的态度、言行令顾客满意;第五,未能满足客人的需求时应及时表示歉意,并表达我们即将竭尽全力为客人服务的决心。

如何处理客人投诉?首先,我们要了解并明确客人的身份。然后,认真倾听客人投诉的原因。接着,重复客人的投诉,以确保充分理解客人投诉的内容。然后,对于客人所遇到的问题要表现出感同身受,并及时反馈,及时解决。最后,要询问客人对我们解决方法的满意度。

案例分析31:无处安放的客人

某一个周六,住房率极高,因此西餐厅提前半个小时开餐,也就是原本下午六点开餐的自助晚餐,改为了下午五点半开餐。

原本在繁忙时段是不应该给客人预留位置的,就算预留也必须告知客人只能帮他们预留15分钟。但是,就在我们开完例会做准备工作时,经理却热心地为一位客人预留了靠近大门口的六号大台。当时我们都觉得这样安排不妥,毕竟那晚客人不是一般的多,况且还留了这么显眼的位置,万一那位客人不能准时到来,恐会多生事端。但经理还是确信客人会准时出现,于是我们只能摆上预留台卡了。

五点半还未到,战争已经开始了,一波又一波的人蜂拥而来,作为咨客的我一一帮客人登记房号,询问用餐人数,安排位置。开餐时间到了,不一会儿,我就被告知餐厅已满位,暂时不能带人了,就连没有冷气的外场都满了。此时,唯独显眼的六号大桌还空着,那位预留的客人没有准时出现。问题出现了,一大堆等在门外的客人被告知无位却发现显眼的六号大桌无人入座,就说到"那里不是有位置吗?"当知道是有人预留时,客人不满的情绪就开始爆发了。"提前半个小时开餐也没有人通知","自助餐是可以留位的吗?我们先来不应该给我们坐吗","你们这样子做是不对的,还要等到什么时候"……各种不满,谩骂,甚至有些客人不顾劝说,强行进入餐厅。老实说,晚餐这么混乱的场面我还是第一次见到。整个西餐厅嘈杂的像个菜市场。我相信,这个晚餐,大多数人用得都是不愉快的。

分析:为什么会出现这么混乱的场面呢? 我认为有以下原因。第一,销售部新合作了一个收益很少的团队,卖价低,当然会吸引很多的客人参团。这也是自助晚餐人数突增的重要原因。第二,餐前准备不够充足,没有做好较准确的预测和相应的应对措施。第三,餐厅的硬件设施问题,座位的分配和规划不够灵活。第四,一时热心给客人预留了如此显眼的位置,造成其他客人的不满。第五,没有和前台进行有效沟通,或者前台对开餐问题不够重视,提前开餐没能及时告知客人。第六,餐厅人手并不是充足的。第七,也不排除某些客人素质不高的问题。

解决方法:第一,销售部应该设计并销售合理的酒店产品,不能只注重数量而忽视质量。第二,客人数量较大的情况下,提前开餐并不是一个合理有效的解决方法,应该用时间做好充足的准备工作。第三,繁忙时段不应该给客人预留位置,即使要预留也一定要跟客人强调和解释预留位置的相关规定。若客人未能及时到达,在如此混乱的情况下,经理应该及时做出决策,将位置给其他客人。第四,与前台做好有效沟通,请他们务必将正确的开餐时间告知顾客,避免不必要的误解和冲突。第五,作为服务人员,应该提升自身的素质,加强服务技能、技巧,有效应对客人提出的各种问题并迅速解决。

案例分析32:投诉异议处理

　　五一黄金假期,天气变的越来越闷,人也开始越来越多。我们酒店又开始面对新的挑战——淡季后第一个入住率100%满房状态。这个时候我上的是最忙的晚班,心里其实也是颇为心烦,大堂吧人手不足,只有两个人上班。晚上八点后,大堂吧开始变得热闹起来,一波波的人开始蜂拥入坐,顿时我们忙的不可开交,七八桌的客人要点东西。这时,一位优雅的女士出现在我的眼前。我第一时间过去把我们的菜单递给那位女士"晚上好,这是我们的菜单,看看您需要点什么?"那位女士迅速的扫了一下菜单说"给我来杯杂果宾治吧"。我说"一杯杂果宾治,还需要其他什么吗?"。"不用了,谢谢。"我说"好的,请您稍等"。过了一会,我的同事把杂果宾治做好了,"你好,这是你点的杂果宾治,请您慢用"。忙完这桌客人我便去忙其他的了。没过一会那个女士再喊服务员,而我忙着另外一桌过了一会才过去。"你好,有什么可以帮您的吗?"那位女士带着怀疑不解的语气问到"这是杂果宾治吗? 为什么没有果肉呢?"我说"额,我们这边杂果宾治是没有放果肉的"那位女士又说"但是这杂果宾治也太酸太甜了吧"我说"这个味道是这样的"后面看客人没有说什么我就走了。那位女士似乎不解,后面又一次来到我们收银台,她说"杂果宾治太酸太甜了,我去过这么多酒店,喝过很多杂果宾治,这次的味道真的很难下咽。"那时我也有事要忙,我的另一位同事便解释道"这是我们按照配方做的,味道是这样的"后面客人便没有说什么就走了。后面收拾桌子的时候,看到杂果宾治还是满满的。我和我的同事后面也没有再关注这件事了。第二天,酒店大副过来给我看客人发来的投诉。投诉上面说了"酒店硬件设施差,空调不冷,客房有异味,海景吧师傅服务态度差,大堂吧杂果宾治没有果肉,太酸太甜。"

【评析】

　　从本案例可以看出,那位女士之所以投诉的原因有以下几点:首先是酒店服务设备做的不到位。作为一个五星级的国际大品牌,服务设备应该让客人感到是物超所值的,而不是空调不制冷,客房有异味等。这样给客人的第一印象便打了折扣。第二,那位女士对工作人员的态度不满。在酒店有这么一句话'客人就是上帝',这反应了酒店服务人员对待客人应该是语言行为得体谦和的。服务人员应认真负责的对待每一位客人,服务仔细周到。第三,对出品的不满。当客人对产品提出疑问时,酒店服务人员应第一时间做出合情合理的解答。世界这么大，每个地方的产品和味道都会本地化，产品也会因人而异。在本案例中，那位女士不止一次对产品提出不满，这时我们应该主动提出给客人其他的产品而不是不管不问。然而服务人员急慢客人，缺乏耐心，急于打发客人，这些行为都会让客人产生更加不满的情绪。面对投诉，我们要捉住那位女士要求被尊重，求发泄，求补偿的心理。服务人员更应该冷静耐心听完那位女士的投诉，找出原因后严肃致歉。用更加周到、温馨的服务补偿那位女士，必要时可以赠送一点酒店的其他产品。补充一点，作为酒店管理层也是有一定的不对。面对满房挑战，酒店管理层应事先做好准备，硬件软件都要做好，还有要做好人员的调度，适当激励各岗位的服务员工。

案例分析33：细致服务

刚刚吃完酒店的员工餐，我发现还有很长的一段等车时间。于是我就跑上了大堂吧去看看，发现情况有点不妙。大堂吧全部都是人，晚班的同事都忙不过来了。突然有一个中年大叔比较急的过来，但是当时我们这边没有服务员，于是我上去问到"你好，我是这里的服务员 Winson，我刚下班没有穿工服，有什么可以帮到你的吗？"那个中年客人似乎是刚喝点酒，脸上红红的，操着一口蹩脚港式普通话说到"那好呀，谢谢你，小弟，我在这里订了一个蛋糕，现在需要拿走。"我一听他的普通话就知道是说广东话的，于是我便用广东话说"好的，我现在帮你查一下。先生，你贵姓？"那位中年大叔说"我姓陈""先生你等一下，马上帮你拿"后面和晚班的同事确认这个蛋糕单。我便迅速地跑下饼房去拿蛋糕了。"先生，你的蛋糕做好了，我现在帮你打包一下"在打包的时候和中年大叔聊天知道，他是深圳人，说广东话的，刚在我们中餐厅用餐，现在需要拿蛋糕过去庆祝。"先生，你这边多少人呢？我们一边一副餐具是十人份"打包好后，我发现中年大叔有喝了酒还着急，一个人拿蛋糕也不放心，我便说到"先生，我和你一起把蛋糕送过去吧。"送完蛋糕要走时，中年大叔悄悄地把一百元塞到我的口袋，拍拍我的肩说"小弟你服务很好，发现你们这边服务都很不错。"当时我的心里真的很舒服。

【评析】

客人给了小费说明这是对服务的满意。那如何做到满意的工作呢？就像案例一样，首先，我们要做的最基本的是礼貌。作为酒店服务人员，礼貌是打开和客人沟通交流的大门的钥匙。因此，我们的微笑服务、暖心的问候语就显得尤为重要。使用酒店规范的礼貌用语能让客人感受到我们服务的专业，所以要多说一些"您、您好、请"这样的礼貌词汇。其次，积极热情的服务。积极的服务意识，热情的服务态度对客人来说很重要。像案例一样，下班还替客人服务，并直接帮客人送蛋糕。客人一定会心里感到开心和感激的。服务就是自己苦一点，累一点，客人开心就好。印证一句话"客人就是上帝"。最后，满意的服务离不开细致周到的个性化服务。细节决定成败，客人的一举一动都要认真的观察，从客人的行为发现客人的需求，并能及时帮客人解决，这样做到眼到，耳到，心到，还要换位思考。案例中，从中年大叔说话的方式和行为举止判断出他是说广东话，刚用餐不久，急着要用蛋糕等重要信息，然后很好的利用到我们的服务中去。

案例分析34：土司机

某天，又有位客人把别的面包放到仅供烤土司的土司机里了。着火是自然的，可当我发现的时候，放面包的客人早已不知去向，我从容的把面包夹出来，已非常淡定了！回想起第一次出现这种情况，我真的吓到不行。以为要爆炸了那机器，而客人还在那里站着，慌张地对我说，着火了，怎么办？怎么办？想想当时自己的反应，虽然怕，但自己还是蛮勇敢地蛮淡定的去拔掉了插头。然而牛角包还是在里面着火，冒着烧焦面包味的浓浓的黑烟，还好看到了白师傅，真的是救星啊！只见他从容地从桌面上拿了双筷子，把面包夹了出来。嘴里念叨着："谁啊，是猪吗？怎么那么笨啊，眼瞎了啊，土司机上明明有：仅供烤土司。真的是！"骂完后径直地去忙去了。而当时，我记得放牛角包的客人就在他身后，我当时觉得特别尴尬。还好是客人的疏忽，不然我觉得这个投诉少不了！

【评析】

土司机着火的根本原因是土司机只能烤土司，大包以及硬包等黄油含量低的，其他的面包由于黄油的含量较高，着火点比较低，土司机的温度高于着火点，所以导致了着火。酒店采用的避免措施是在土司机上面放了一块写有：仅供烤土司的告示牌，字体是相对来说比较大的。可是由于咨客没有正确的引导说明注意事项以及我们面包档口忙的时候加餐人手不够，所以常常会忽略这个问题。然而有些客人就会觉得面包加热点会不会口感更好更香脆呢？很多人都是好奇心作怪，进而忽略掉了土司机上面的几个大字！还有一些人是根本不会用我们的那个土司机，因为我们的土司机相对来说比较高级，上下火同时烤，所以烤得也相对全面，速度也比较快。所以，很多人不愿意问我们，自己不懂装懂的去使用，从而导致着火。这样的态度，不仅使得自己被吓掉半条命，还搞得西餐厅有股怪味，我们也被吓得不轻。所以，人们无论做什么事情，记住要多动嘴，多问问比什么都强。那样不仅可以少走弯路，还可以避免不必要的意外。还有就是，白师傅应该要注意下当时的场景，留一下客人在不在旁边，顾及下客人的感受，那样才不会使得场面那么尴尬。我觉得酒店这样子的服务业，更应该给予客人贴心的服务，让客人觉得有被照顾到，有面子。从而提高酒店人员在客人心目中的位置，这是很有必要的！

案例分析35：接还是不接蛋糕的单

　　人与人之间，无论是什么样的关系状态，时而闹矛盾是在所难免的。就像今晚六点多几分时阿坤的表现，我很不满。当时我下班了，听到电话响，他又在压面没时间。于是，我就拿起电话，前台电话说客人要订做生日蛋糕，客人生日入住需要送的，九点要。他说他没时间，不做，我就让他自己接电话，他又不接，对着我说不要，我不知道怎么回答了，我要是拒绝，万一客人投诉，那岂不是责任在我身上？所以我就慌了，非要阿坤自己说，他就不说，也不理我，我不知道他搞什么鬼，心好累。……最后我在很无奈的情况下还是把单接下来了。前台人员在说服我，我在说服阿坤，阿坤用的是规定，但是他就是不愿意和前台说，就对我说而已，我当时觉得这样的事情很棘手。一边要让客人满意，一边又要不得罪同事，还有就是规定到底啥时候能用而不被投诉？很多疑问。

【评析】

　　由于我已经下班了，我觉得我不应该去帮忙接那个电话，毕竟已经不在我的工作范畴了。还有就是我一直上早班，不懂中班的一些规定，老大他们也没有对我说过，我自己也没有去留意过，我有请求过自己想上一下中班，但我是实习生，早班已经熟知了，他们不愿意再浪费时间培养我上班，所以这是岗位培训知识那一面的缺失。再者就是我同事的态度，为什么不自己去说明白而让我一个不懂规定并且已经下班的人去和前厅的人交涉，我很不理解。还有就是酒店应该事先和客人说明情况，不能这样不按照规定走，毕竟酒店是个企业，相应的硬性规定还是应该要有的！最后就是前台的工作人员，他们不应该这样跨过餐饮服务部门而直接找到厨房去了，这样有跨过规定的下单部门（送餐部），也会使酒店的一些规定混乱，以致每个岗位的人对酒店的规定更加模糊。总的来说，无论是酒店的什么部门，相应的各个班次的培训是否全面，是否培训到位。对于整个酒店的人员素质以及相应的对客服务都将会是一个不可忽视的问题。只有服务到位了，有相应的硬性规定，无论什么事，只要按照规定走，客人肯定就会意识到自己的要求是不合理不合规定的，这样有规定的条例在的话，相信客人心里也会平和点，不会动不动就想要投诉。

案例分析36：谁来买单

　　某天的早晨，有两位外国客人来到西餐厅用早餐，是由咨客带领他们入座的，入座之后，我们餐厅的规定是由咨客问客人房间号码，客人房间包含早餐的话，就会顺便将客人的用餐账单放到客人的桌上,提醒客人餐后签单,餐后也不需要其他额外的付费。客人用餐完毕后,也签了早餐的账单,一切都正常。但是我们在撤台的时候发现客人的桌上有一瓶圣柏莲奴矿泉水,这是自助早餐里没有提供的,我马上到冰箱里查看,发现确实是少了一瓶圣柏莲奴,那就证明是我们餐厅的员工提供给客人的。但是并没有一个同事告知我售出了一瓶圣柏莲奴,导致没有开单,相当于有一瓶圣柏莲奴矿泉水是逃单了。这个时候,我们就赶紧询问当区的看区同事,那位同事说,的确是给客人上了一瓶圣柏莲奴,但是忘了告知收银员了。我马上找回客人签的单,并且打给前台询问,但发现客人已经退房了。于是跟前台的同事说打电话询问下客人,客人说确实是有喝过这瓶矿泉水,但并不清楚是需要另外付费的,服务员也没有告知他这个事情,而且账单上也没有显示,他就没有提出了,而且现在客人是已经在离开惠州的路上,在赶往机场,不可能再返回酒店了。因此,该笔账单只能是餐厅自行解决了。

【评析】

这个案例是将圣柏莲奴矿泉水出售给客人,客人误以为是早餐内包含的,导致的落单,虽然起因于客人没有签单,但是造成主要责任的还是餐厅当区的服务员和收银员。

第一,餐厅当区的服务员在给客人出矿泉水之前就应该告知客人该款矿泉水不属于自助早餐范围,需要另外付费。

第二,服务员在给客人出菜前就要先跟收银沟通,下单了才能出品,这是必须要遵守和严格执行的酒店出品和服务程序。

第三,收银员的责任是清楚了解客人下单的内容,并将下单内容输入到 MICROS 机里,但案例中收银员在客人离开前都没有通过巡台得知客人有另外下单的内容。

另外,就本案例而言,虽然服务员和收银员是负主要责任,但是,餐厅在酒水的管理方面还是有很大的问题。首先,服务员能随意的拿到酒水,使得酒水容易丢失。案例中如果不是收银员到冰箱内查看都还不知道餐厅缺了一瓶圣柏莲奴。我觉得餐厅很有必要加强贵重酒水的保管,例如冰箱加锁和钥匙的专人保管。这样就可以通过谁拿了钥匙追究到责任人了。

其次,餐厅也要落实责任制。餐厅每个班次只有一个收银员,她不可能一双眼睛就能看好全场,当区的服务员就要协助好收银员,假如有客人需另外下单的,当区服务客人的就要将下单的内容及时告知收银员,并且在下单后才去出品,若没下单一定要追责到当区的出品人。再者是收银员或者是咨客在给客人派账单前,一定要先确认客人是不是有别的下单的东西,做最后的确认,确保无误后,再将账单给到客人,若客人中途再下单,一定要记得将客人原账单取回,重新放上新的账单。

案例分析37：到底谁的错

　　某日中午,有几位客人到餐厅用餐,是散点的客人,于是我们就给客人倒水并且给了客人菜牌后就到后厨看沽清表了。由于餐厅上班的人不多,所以当我走到后厨看沽清表时,餐厅外面就没有别的人了,在我看完沽清表后,发现沽清表上除了写了今日例汤外,其他什么都没写,我就理解为是没有沽清了。于是,我就开始给客人点单,由于以为没有沽清,所以都给客人下单了,下完单后,到厨房通知师傅,但是这时候厨房并没有人,只能打电话通知。等师傅上来后,却告诉我们这个牛柳已经没有了,叉烧也没有,客人点的甜品拿破仑还有杨枝甘露都没有,我就跟师傅说为什么沽清表上没有写,然后我再次问还有没有其他要沽清的,师傅说没有了,我就告知客人,并重新点单,但是再次点单进来之后,却又被告知这个甜品也没有了。当我第三次跟客人说的时候,客人肯定是生气了,并且说道:"你们这酒店还五星级酒店,什么都没有,刚开始说有,现在又没有,你自己说,有什么可以吃的了?"为了缓解客人的愤怒情绪,我只能马上通知经理,并且给客人上了杯红茶让客人消消气。经理上来后,积极帮客人解决问题,并且给客人送了小果盘,客人最后也没有投诉。

【评析】

　　这个案例中厨房的同事跟餐厅的同事没有良好的沟通,引发客人生气和投诉,虽然最后得以解决,也未对酒店造成很大的损失,但是作为一个五星级酒店,因为这么简单的下单问题造成的投诉就急需解决。

　　第一,酒店在安排排班时,没有充分考虑人员标配的情况,一个服务员进去看沽清表后,餐厅就没有别的人服务客人了。厨房的一位师傅去吃饭,厨房就没有别的人可以跟单了,这完全拖慢了服务的进度。

　　第二,厨房的问题。填写当日沽清,是厨房的同事每天上班的其中一项工作程序,但是案例中的厨房同事却没有做到这个,导致服务员与客人错误下单。

　　第三,厨房的问题。服务员跟厨房师傅再次确认是否还有沽清的时候,师傅并没有再次确认还有没有沽清就告知服务员没有沽清,当服务员下单回来后,又说有沽清。再三的打扰客人是导致这次投诉很重要的原因,而且,说了有的东西又说没有,这是在刺激客人的情绪。

　　由此,通过这个案例,我们可以认识到很多的问题。首先,作为一个五星级的酒店,及时下货是每个部门工作的一项重要工作程序,不能说整天都沽清,一个菜牌里没有几个菜是可以点的,这也会消磨客人的耐心。其次是不同部门之间的沟通很重要,餐厅和厨房的沟通很重要,厨房要及时的和餐厅沟通,告知餐厅实际沽清的内容,方便餐厅服务客人,而且每个厨房同事都应该有个责任心,不能说理所当然你以为有就有,这样会导致客人投诉的增加,这是大家都有的责任。再者是当客人投诉产生的时候,餐厅的服务员应该首先尽量是安抚客人的情绪,并且尽己所能协助客人解决问题,实在解决不了的应该及时通知上级,避免客人在酒店里大吵大闹,影响其他客人的用餐。

案例分析 38:是谁预定出了错

一个晚上,酒店西餐厅客人络绎不绝,餐厅咨客忙着迎来送去,满头大汗。这时 6 位香港客人在一位小姐的引导下来到了二楼西餐厅。咨客马上迎了过去,满面笑容地说"欢迎光临,请问小姐贵姓?"这位小姐边走边说:"我姓王","王小姐,请问您有没有预订?""当然了,我们上午就电话预订好了。"咨客马上查看宾客预订单,发现确实有一位姓王的小姐在上午预订了 61 号桌,于是咨客就迅速把这批客人带进了 61 号桌。

过了半个小时,餐厅门口又来了一批人,共有 12 位客人,当领队的王小姐报出自己昨天已经预订了时,餐厅咨客发现出了问题,马上查阅预定记录,才发现原来今晚有两位王姓小姐都预订了,而咨客在忙乱中将两组客人安排进了同一张桌子。餐厅咨客为了弥补错误,立即就把客人带到了 65 号桌,客人进来一看更加不满意了。王小姐满脸不高兴地说:"我们预定的是一张 12 人台,这是一张 10 人台的厅房,我们 12 个人怎么坐得下?"王小姐不耐烦地径直到 61 号桌一看,里面的客人已经开席了,12 人台只坐了 7 个人,咨客看了看这么多的客人,为这不恰当的安排而再次赔礼道歉,但是这 12 位客人仍然怎么也不愿意坐进这桌 10 人桌位。"你们这么大的酒店,居然连预订都会搞错,还开什么餐厅! 同意了我的预订就要兑现,我就要去 61 号桌,其他桌我都不去! 今天我的客户很重要,这样让我多没面子,把你们的经理找来!"王小姐突然生气起气来。"十分抱歉,这是我们工作的失误,这几天预订厅房的客人特别多,我们弄乱了,请你们先入座,我们马上给你们加位好吗?"餐厅经理急忙过来好言好语地解释。"我们这么多人坐得如此拥挤,让我多么没有面子! 好像我宴请朋友非常小气一样。""对不起,这是我们的错误,今天客人太多,请多多原谅。"看着这的客人坐下了,经理和咨客才松了一口气,但看到这群客人坐得那么拥挤,咨客心里又过意不去,这正是因为自己工作失误带来的错误。

【评析】

本案例中由于酒店咨客的粗心造成了预订重位,引发客人的不满。后期处理工作也未能让客人非常满意。

第一、咨客应该在为客人预订的时候把客人的中文全名和联系电话记下来,在客人到达时咨客要先核对客人的全名和电话,再把客人带到预定好的位置就餐。

第二、即使带错桌位也应尽量安排客人到座位数与人数相应的位置。

第三、预订是餐厅常有之事，应先看好交接本、预订本，避免预订重位，即使很忙，这是咨客应该做到的。

另外本案例中咨客与经理都要对客人诚恳道歉并说明原因，取得客人的谅解。餐厅咨客为了补错，应立即把客人带到类似桌子。经理还可以为客人提供额外的优惠，如送果盘、甜品、打折等，以此表达餐厅因为本身工作失误误给客人造成麻烦的歉疚之意。为了使客人在朋友们面前挽回面子，应再次当众向王小姐一行客人表示歉意，也充分让客人感觉到他们是餐厅重要的客人。最后以此事件作为经验教训，培训全体员工，规范服务流程，务必要求所有员工明确顾客第一的意识。

案例分析 39：不吃蛋黄的客人

在西餐厅的早餐营业时间，服务员小李注意到一位年老的顾客先用餐巾纸将鸡蛋上面的油擦掉，又把蛋黄和蛋白用餐刀切开，再就是用白面包把蛋白吃掉，而且在吃鸡蛋时没有像其他客人那样在鸡蛋上撒盐。于是小李猜想着客人可能是患有某种疾病，或者对蛋黄过敏，还是不喜欢，才会有这样特殊的饮食习惯。并且暗暗把这件事放在心上了。

第二天早晨，当这位客人又来到餐桌落座后，未等其开口，小李便主动上前与客人问好并询问他是否还享用和昨天一样的茶和早餐。待客人应允后，服务员便将昨天一样的茶和早餐摆在餐桌上。与昨天不同的是煎鸡蛋只有蛋白而没有蛋黄，客人见状非常惊讶然后高兴地对他笑了一笑。顾客边用餐边与小李谈起，之所以有这样的饮食习惯，是因为他患有顽固的高血压症，这是医生嘱咐的结果。以前在别的酒店餐厅用餐时，他的要求往往被服务员忽视，要自己动手切除蛋黄。因此表示这次在这家酒店住宿用餐，他都感到非常满意。下次还会再来。

【评析】

在本案例中，不吃蛋黄的顾客从开始并没有跟服务员小李提他的特殊饮食习惯，到后来对用餐感到非常满意。因为客人以前在别的酒店餐厅用餐时，他的要求往往被服务员忽视，这里经验效应就产生了作用，使得客人认为这个餐厅也不会在意这些细节，没有必要和服务员提醒。但他没想到服务员小李的细心不仅记住他的特殊习惯，而且不用客人本人再次提醒就能主动端上已提前去掉蛋黄的煎鸡蛋，让客人感到被本酒店的尊重和重视，所以在这家酒店住宿用餐，他自然感到非常满意了。

另外在客人到店消费时，作为服务人员应多观察客人的特殊习惯和餐饮偏好，在下次服务该客人时即可根据客人的具体情况提供个性化服务。这也能让客人感到备受尊重和关注。最后餐饮服务要有预见性，提前服务、个性化服务。打造更多的回头客。这就要把客人的需求考虑周到，使客人享受到方便贴心的服务。

案例分析 40：产品推销技巧

中秋节，是各大酒店、饭店推销自家月饼的重要节日，某酒店也不例外。一日晚上，该酒店晚餐自助餐用餐客人比较多，正是推销月饼的绝佳时机。但是由于自助餐用餐人数较多，而餐厅服务员人手有些不够，餐厅服务员李某显得有些烦躁，不停地为客人收碟子，倒水，上纸巾牙签，期间并没有询问客人需要喝些什么，没有问客人的用餐体验，也没有与客人有任何沟通，服务过程中脸上的表情也很平淡。为了完成酒店布置的推销月饼任务，李某拿着月饼类别单送到客人桌子上，也没看到客人聊得正欢，便和客人说："先生/小姐，您好，这是我们酒店的中秋节月饼，请您看看，有兴趣的话可以购买一些。"如此往返了好几桌客人，但是并没有什么成效。而餐厅服务员陈某，在餐厅人手不足的情况下还是按照餐厅的标准 LQA 流程为客人服务，给客人倒水上纸巾牙签之余为客人介绍餐厅用餐情况，食品特色，在收碟子之余控制好自己的时间，以客人服务第一，收碟子收台第二的准则，在客人用餐之时与客人有着丰富的沟通交流。在客人差不多用餐结束后客人闲聊之时，向客人推销月饼并且也有向客人亲自介绍月饼种类以及折扣情况，一晚下来卖出了十几盒月饼，得到主管及领导的赞赏。

【评析】

在酒店餐厅产品推销技巧上很重要的一点就是，给予客人上乘的服务质量，让客人享受到无与伦比的愉悦的服务过程，然后再适时的向客人介绍产品的详细情况，优点，这样能大大提高客人购买产品的概率。

本案例中该餐厅服务员李某在餐厅用餐人数多，而人手不足的情况下，没有正确调整自己的服务心态，一味的追求服务的速度和数量而没有追求服务的质量，缺乏与客人的主动交流及沟通，忽略了客人在星级酒店餐厅对服务质量的追求，在服务过程中没有时刻面带微笑，这样自然不会给客人留下深刻或者很好的印象。并且在推销月饼的过程中也仅仅是拿了一张月饼的类别单给客人看，没有给予客人优质的服务，也没有给客人对月饼进行详细的介绍，也没有选择正确的时机向客人推销月饼，客人购买月饼的概率自然很低。

而本案例中的餐厅服务员陈某的服务流程与酒店产品推销技巧相符合，尽管客人多，人手不足，但还是让客人得到了星级酒店应有的服务，让客人有了一个愉快的用餐体验，并且期间也有与客人进行沟通交流，推销月饼的时机也把握得恰到好处，也有向客人亲自介绍月饼类型以及各类折扣情况，客人在心情愉悦的前提下购买月饼的机率会大大提高。

案例分析 41：酒店领导与客人，哪个更重要

一天早上，某星级酒店外籍总经理下来西餐厅用餐，西餐厅服务员刘某看到后便急忙过去给总经理铺口布，上胡椒瓶，盐瓶，并询问总经理需要喝些什么。随后也有一直陪伴在总经理附近，收盘及时，服务态度也非常好，但是因此忽略了其他区域的客人，导致有客人投诉服务员收盘不及时，有事想找服务员半天看不到人影的情况，这件事刚好被结束用餐的总经理看到了，为此总经理及餐厅主管还亲自上去向客人致歉，并且给客人做出了相应的优惠政策，得到了客人的原谅。事后总经理批评了餐厅主管，认为餐厅主管没做好管理工作，而那个区域服务负责人刘某随后也受到了主管的批评。

同天晚上，酒店餐饮部经理与酒店副总来餐厅享用晚餐，餐厅服务员钟某看到后在服务完客人后不慌不忙的为他们铺口布，倒水，上纸巾、牙签，并询问他们需要喝些什么，随后并没有一直逗留在他们身边而是做好自己区域客人的服务，积极与客人沟通，并且兼顾了他们的收盘服务，随后这位餐厅服务员得到餐饮部经理以及酒店副总的肯定和赞赏。

【评析】

相信案例中的情况在各酒店中都是很常见的，很多员工为了能得到领导的赏识，也为了自己能够早日晋升，对于酒店领导的态度和服务都是毕恭毕敬，这样做确实无过。但是当有其他客人在的时候，不能只顾领导的感受而不顾虑客人的感受，时刻关注酒店领导而忽略了餐厅里的其他客人，这样反而是酒店领导所不愿看到的。酒店领导希望看到的更多是客人在用餐时因为本餐厅的食物出品质量和服务员优质的服务水平而露出的笑脸。

像本案例中，服务员刘某在总经理用餐时时刻关注着总经理，让总经理得到了绝佳的服务体验，这样做非常的好。但是他忽略了他所负责区域的其他客人，导致了客人因收盘不及时，需要服务时找不到人而产生了投诉，反而对餐厅造成了不好的影响。

再看本案例中的餐厅服务员钟某，他在服务酒店领导的同时并没有落下区域内的其他顾客，兼顾了客人与领导的服务。虽然对于领导的服务可能做得没有刘某那么好，但是让客人有了完美的服务体验，收到客人的好评，这正是酒店领导所希望看到的。

因此，当酒店领导来餐厅用餐时，不应该把注意力完全放在领导身上，要做到服务好客人的同时兼顾到领导们的服务，让客人享受到星级酒店应有的服务，做好自己的本分工作。

案例分析 42：如何应对客人投诉

某天下午，有八九桌客人在大堂吧消费。因为是下午茶时间，所以特别忙。突然听到"啊"的一声，只见一位穿着裙子的女士从自己的座位上跳起来，使劲地抖着裙子，似乎是被什么烫了。走近一看，我的同事 summer 一脸慌张的表情，原来是他不小心把咖啡撒到客人身上了。他歉意而且关心地问"实在对不起，烫着了没有？有没有关系？"客人拉长了脸，恼火地指着裙子说："怎么这么不小心，你看我裙子弄成这个样子，你说怎么办？"同事想，错误已经造成，而且完全是由于工作上的失误，应该采取相应的办法予以补救。于是，他慎重地向客人道歉，并征求客人意见："能否把裙子换下来，我们马上拿去洗衣房给您免费洗烫，三个钟内给您送回，您认为怎么样？"客人说："那就这样吧，你们尽快帮我把裙子洗干净。"然后同事请大堂副理帮助处理裙子的清洗申请。

当晚在送还裙子时，同事对客人说道："实在对不起，由于我们的工作失误给您带来了不便，请接受我们的再次道歉。"

【评析】

服务员在日常工作中难免会出现失误。出现失误之后，要先冷静思考，找出最佳的解决方案。

1. 有效倾听顾客抱怨。为了能让顾客心平气和，在倾听时应该注意：当客户说出他们心中的抱怨时只要认真倾听，并对他们的感受表示同情，就可以赢得他们的心。要知道，即使是这种喜欢挑剔的客户，或者是那种脾气最火爆的客户，也常常会在一个具有忍耐心和同情心的倾听者面前，让态度变得缓和起来。当客户正火冒三丈的倾吐自己的抱怨与不满的时候，倾听者应当保持足够的耐心去听，而且只是认真地倾听客户的谈话，不要做任何的反驳，否则只会让客户更加坚持自己的观点，使事情更加难以处理。

2. 确认问题所在。倾听不仅是一种动作，还必须认真了解事情的每一个细节，确认问题的症结所在，并利用纸笔将问题记录下来。如果对于抱怨的内容不是十分了解，可以在顾客将事情说完之后再请问对方。不过不能让顾客产生被质问的感觉，而应以婉转的方式请对方提供情况。

3. 诚心诚意地道歉。不论责任是否在于酒店工作人员，都应该诚心诚意地向顾客道歉，并对顾客提出的问题表示感谢，这样可以让顾客感觉受到重视。表达歉意时态度要真诚，而且必须是建立在凝神倾听了解的基础上。如果道歉与顾客的投诉根本就不在一回事上，那么这样的道歉不但无助于平息顾客的愤怒情绪，反而会使顾客认为是在敷衍而变得更加不满。

4. 实实在在解决问题。解决问题是最关键的一步，只有妥善有效地解决了顾客的问题,才算完成了对这次投诉的处理。问题解决得好,顾客感到满意,下次自然还愿意来这里购物;如果敷衍了事,顾客更加不满,或闹的更大,就以后永远都不再光顾了。

5. 注意事项。没有一家酒店能避免投诉,没有一个投诉会无缘无故。酒店要抓住每一次"变投诉为财富"的机会,并处理好顾客投诉,争取把处理服务投诉作为再次赢得顾客、重获商机和重新树立酒店形象的机会。

案例分析 43：菜品供应不够

我们餐厅是自助餐厅,今天早餐预定了两百五十人,不过实际来的有三百多人,所以每个档口都忙得晕头转向的,就在这时有客人跟我说没有辣椒酱了,那时候我又忙得走不开,所以就让新来的实习生进去仓库拿,可是没过多久他跟我说没有了,我就觉得不可能最近生意那么好不可能没有进货的,然后我就自己去找了一遍,还去了西餐,中炒那边找了一圈还是没有,然后我就去问厨师长为什么没有辣椒酱了,他给我的回答是最近酒店要节约成本,我们每天的预算都是有限的,所以这些东西就进的比较少了,也没想到会来这么多人,你先给客人解释一下,我去员工饭堂找一下还有没有。这时候除了没辣椒酱之外,青菜也从原来的四种变成一种了,醋也没有了,葱也没有了,摆在冰槽上的配菜也从原本的十三种用剩了六种。这时刚刚的那位客人又过来问了,我就很抱歉的跟他说辣椒酱用完了,这位客人不高兴了说那么大的一家酒店连辣椒酱都没有,菜的种类那么少,连这些很基本的调味料都不够。还算什么五星级的酒店啊！我可以很明显得看出来不止这一位客人因为这个不高兴,其实酒店为了节约成本少进食材可以理解,不过调味料这些保质期比较长,放得久又必须要用的东西为什么就不可以多准备点呢？

【评析】

案例中厨房为了节约成本,就没有下单多余的食材,导致客人突然增多后部分食物供应不够,而用其他的菜品代替,降低了客人的用餐体验,一般情况下厨房的食材的下单都会备多点的,不过因为之前酒店的生意到了淡季所以进的好多食材都放到烂了,主厨觉得很浪费,又加上新来的总经理提倡节约成本,所以最近来货一直都是基本够用,还出现过不够用,去其他厨房借的情况,现在酒店的生意越来越好了,不过厨房还是来那么点货,根本就不够。客人花钱来餐厅吃饭就是为了品尝美食,酒店既然出了这个菜品就要保证菜品的质量,要保证客人吃到最正宗最美味的食物,根据上述案例酒店在客人多的时候菜品供应不足,种类不够,还缺少调味料降低了客人的用餐体验,让客人没有得到相应的五星级的服务,酒店的菜品供应不够和没有给客人合理的解释,让客人感觉到不满。

厨房应该根据酒店餐厅的经营状况和预定人数来进行下单,在酒店生意好的时段应该多备一些预防客人突然增多的情况,酒店有储存食材的一些设备设施,在短时间内不会造成浪费的。所以厨房应该要在考虑到节约成本的同时也要考虑顾客的利益,这样才能让酒店的生意越来越好。

案例分析 44:人手不足问题

今天早上五点半来到酒店,就被告知有三百多人用早餐,让我多备点东西,所以一早上就一直在忙着准备东西,直到六点半开餐我的档口才开好,这时西餐档那边的实习生过来跟我说,他还没开好档,让我帮他看一下档,如果有客人的话,帮他煮下粥或者煎蛋,他要去负一楼拉货,我想着刚开餐,那么早应该没那么多客人,我就答应他了,谁知道他走了没多久,有个几十个人的团队就下来吃早餐了,一下子就好多人要煎蛋,要粥。我一个人在他的这边都忙不过来了,我就一下子忙得忘了顾自己的档口了,等我忙过西餐档才想到自己的档口没人,这时我就急急忙忙地回到档口,还好有个厨师长在那里了,不过我回到档口的时候还是被说了,他说再怎么样我都不可以在开餐后离开档口,我就跟他解释刚才是因为太多人在煎档那边了,那边的档口又没人,我去的时候我这边又没人。最后他还是说在开餐后不可以离开。我就很委屈了,上次也是煎档有客人不过没厨师在那里,我没过去也被副主厨说了,这次过去又被厨师长说。都不知道他们有没有一个标准的。今天早上那么多人也不多派点人手。搞得我怎么做都是错。

【分析】

厨房在餐厅用餐人数增多的情况下,没有安排足够的人手,导致在开餐后还没有准备好所需的东西,档口没人站档的情况。厨房领导之间没有一个统一的工作准则给我们,平时都是哪个老大说怎么做就怎么做,另外一个看到说不行又要我们改,他们领导之间没有一个双方都统一的标准,都是按照自己的想法来做,这让我们有时候做什么都不对。

可以根据预定的人数来合理安排上班人数,或者让同一班次的其他档口的空闲人员过帮忙。厨房忙的时候老是人手不够,所以领导给一个统一的解决方案,下次再遇到像类似的情况的时候我们也可以自己解决,就不会再造成档口没人站,要客人等的情况了。

厨房领导也应该让厨房内部团结一致,应该大家互相帮助,让有空的同事帮忙的同事,而不是为了坚守岗位而不管别人,让忙的那个人一直忙,让客人的等候时间变长,这样久而久之一直忙的那个人会觉得不公平,同样的工作岗位他就可以闲着而我自己忙这样就会心理不平衡从而降低服务质量,顾客的满意度就会降低,这样会对酒店的总体评价不好,也不利于同事之间的相处,所以厨房的领导要分工公平,同时也要让大家有贡献的精神,乐于助人。努力让厨房的工作更好地完成。一起达到酒店的目标。

案例分析 45：弄脏客人衣服如何处理

　　某酒店每天晚上推出海鲜自助餐,海鲜多种多样且大多是该市其他酒店海鲜自助餐中所没有的品种,再加之酒店有美团的优惠券和信用卡的推广活动,慕名而来的客人纷至沓来。

　　一天晚上,该酒店 BLD 西餐厅中客人像往常一样,几乎座无虚席,服务员都忙得团团转。突然,服务员小张在给一位客人盛酱油转身的时候,不小心撞到了另一位男客人,致使酱汁大半泼到了那位男客人的 T 恤和裤子上。小张当时吓得立即向客人不停的道歉,并拿了湿毛巾和干纸巾想要帮男客人擦拭衣服。而客人在擦了几下衣服后,皱着眉头略显不耐烦但也隐忍着不发脾气,说了几句算了算了,就回自己的座位了。小张害怕客人生气然后要投诉,赶紧找到当天的领班商量对策。每天晚上西餐厅都会给当天的客人免费送一份龙虾,领班就建议小张给客人多送一份龙虾当作赔偿,如果那位客人是情侣就餐的话,可以多送两份。后来小张给那位男客人送去了双份龙虾,并再次向那位男客人诚挚地道歉。客人感受到小张深深的歉意,欣然地接受了,同时也向小张表示其中也有自己的过失。最后客人愉快地用完自助餐,临走之前还向小张道谢并向领班提出了赞扬。

【评析】

　　本案例中服务员小张因为自己的冒失弄脏了一位男客人的衣服,虽然客人不会大吵大闹,但很明显客人的用餐情绪受到了较大的影响。而小张能较快且多次向客人诚挚地道歉,并立即对客人做出了相应的补偿,使这次意外得以圆满解决。

　　一方面,服务员小张诚挚地向客人表示歉意及时的安抚了客人的情绪,使客人不会因为衣服被意外弄脏而情绪过于激动;另外,小张能快速地寻求领班的建议并对客人做出补偿,这让客人感受到了小张道歉的诚意,客人更因此做出反省,还对其提出了表扬。一次意外产生的矛盾就此消除,并挽回了客人。

　　就本案例而言,服务员小张对于"弄脏客人衣服"的处理方式大部分还是可取的,但也仍存在着一些问题。在这种情况发生时,首先应给客人递上毛巾或餐巾纸,并诚恳地向客人道歉,如果情况严重应由领班、主管或者餐厅经理出面。如果衣服脏得厉害,在征得客人同意后,请客人换下并请客人留下地址和电话,待衣服洗净后亲自上门送还。其次领班或主管应视具体情况给客人一些优惠作为补偿。这样不但避免了客人的投诉,还挽回了客人对酒店的好感,甚至可能成为忠诚客户。

案例分析 46：失物还错遭物主投诉

　　一天，一位外国客人到惠州出差，在该市某酒店入住。第二天早上，外国客人在该酒店西餐厅急匆匆地用完自助早餐后就走了，座位上落下了一把宝蓝色的长柄伞。收拾那位客人餐桌的服务员发现了那把遗落的伞后，立即告知了早班的领班，并把伞放在了咨客台的柜子里。

　　到了下午，外国客人从外面回来该酒店后就直接去西餐厅寻找自己不小心遗忘丢失的伞，而餐厅的咨客却说那把伞已经被别的客人领取走了。那位客人听到以后，情绪很激动，在找了西餐厅领班、主管询问后，发现仍然不能找回自己的伞，很生气地去该酒店前台投诉了。餐厅经理接到投诉立即出面安抚客人情绪，并向客人郑重诚恳地道歉，请客人先回客房休息，客人遗失的伞一经找到，会马上通知客人。客人看到餐厅已经开始寻找自己的伞，觉得寻回有望，便回客房了。餐厅的员工找了很久，连监控都查看了，还是找不到那把伞究竟是还错给哪位客人了。最后，餐厅经理亲自去那位外国客人说明情况，诚挚道歉，为了补偿客人，房费给予八折优惠。客人对于这个处理结果很满意，立即撤了诉，离店的时候还送上了表扬信。

【评析】

　　酒店是为宾客提供歇宿和饮食的场所，所以人流量极大，各种不可控因素也较多。而为了避免产生不必要的损失，酒店的交接班工作极为重要。在职的员工只有充分了解酒店的工作情况，才能更好地服务客人。

　　本案例中，虽然丢失物品是那位外国客人的过失，但其实酒店也是有一部分责任的。一方面，对于客人遗落的物品，餐厅的在职员工应做好记录，并告知该班次的领班，把失物放在一个特定用来放失物的地方。最重要的是，在和下一个班次进行交接班的时候，要告知他们这个班次有客人遗落的物品，把失物记录交接好。另一方面，如果有客人来餐厅寻找或领取失物的时候，应问清客人遗失物品的名称、数量、颜色、大小、特征等具体情况，核实过后，请客人填一份失物领取表，记录有客人的地址、电话，以及所领取之物的具体特征。这样，失物就不会被冒领了。如果客人领取错误，酒店餐厅也能够联系其取回失物。而就此案例的情况而言，酒店按规定为外国客人调取监控竭力寻找遗落的宝蓝色长柄伞，若无果，一般可安抚客人情绪并道歉，为其多送一份礼物作为补偿。但该酒店在此之外，因为客人投诉还额外给予客人八折房费优惠，也是可以理解的。最后，外国客人撤诉了，并在离店的同时对酒店留下了好印象。这样那位客人也可能成为该酒店的忠诚客户。

案例分析47：放在口袋的餐具

这天晚上有位外国客人过来用餐,按照正常流程,我询问他是要用自助餐还是散点。他先看了我们散点菜单上的菜品之后,再绕着自助餐台一圈,最后决定用自助餐。因为刚好站在离自助餐台很近的一张四人台旁边,所以我就拉开椅子让他坐下,因为他是一个人过来用餐,所以我便把其他三份餐具收走。桌面上就剩下一张台垫,口布,餐具和杯子。他起身开始去拿食物。我也就离开了,因为区上有其他同事看着。可是不一会儿,我看见他很惊讶的站在那里,手里拿着盘子,我看了看桌面上什么东西都不见了,便跑过去,拿了新的台垫和餐具,杯子放回原位。跟他道了歉,也重新倒了一杯每人赠送一杯的红酒给他。他这个时候也没有很生气,也是礼貌地说了谢谢。那位看区的同事也刚好回来,便说道,"我看他桌面上就剩一点红酒,水也喝完了,盘子也空了。以为他离开了就一起收走了。"我便让这个同事多关注这个客人,做好服务。这时客人在用餐,我便走开了。可是不一会儿,那位同事跑过来跟我说,他的餐具又被另一个同事收走了。而且给他补上新餐具之后,他便把餐具放在了口袋里去拿食物。

我走过去,这时候他就很生气地说,"已经是第二次了,第二次拿走我的餐具了。"我只能是不断的道歉和解释。可是他这次却很生气,拿出餐具给我看,再把它放回口袋走开了。我只能叫来我们经理,我们经理上去道歉和解释之后,便赠送了一杯起泡酒给这个客人。之后他在买单的时候,就说收走餐具两次让他感到不愉快,其他的都很好。

【评析】

一、客人第一次被收走餐具,很大部分原因是因为当区服务员没能留心观察每一位客人,记住客人的某些特征。再加上客人坐的位置比较偏,又是一个人坐,东西较少,容易被遗忘,但是,当区服务员在巡视的时候,不仅要做到留意客人桌面上的空盘子,更要记住客人的特征,以便判断客人是否离开和做好相应的服务。

二、客人第二次被收走餐具,一部分原因也是当区服务员没能及时发现,更大部分原因是因为收走餐具的同事没能跟当区的同事交接好。应先询问哪些台的客人是已经离开的,才能收走他们的餐具及台面上的东西。

三、这种客人被收走所有东西的情况在自助餐厅是很常见的,很多时候会造成客人的用餐不愉快。也会让客人觉的没能受到重视。对这间餐厅的印象可能就会大打折扣。

四、在每次有不愉快的事情和投诉发生的时候,在道歉之后,必要时还是要请管理层跟客人道歉和解释。及时做出补救措施。这样会让客人觉的自己受到重视,也能降低客人用餐的不满意度。相应也会提高客人对餐厅服务的认可。

不仅需要当区服务员的留心,每一位在自己本区用餐的客人,自己都要用心记住一些特征,还要善于观察,有时候可以凭借桌上或者周围是否还有客人物品来判断客人是否离开。还需要同事之间很好的沟通和交接。才能尽量防止这些事情的发生。

案例分析 48:签单还是不签单

在某酒店,早餐的付款方式都是咨客在带客人入位的时候,询问房号,再将账单给客人,让客人签上房号和姓名。但是在这样的流程中,很多常住客都已经熟悉了,所以不用解释,他们也会签单。但是很多第一次入住酒店的客人就会表示很不理解。有一次有一位客人听到要签单的时候,便很不满的说:"其实我们这个团队到惠州来旅游,整个流程下来,包括酒店服务各方面都是很好的,只是签单这件事就让我们比较不满意,为什么我们房间包含早餐,却得签单呢。"我解释到:"签单只是确认您来用过早餐了,如果您的房间包含早餐,那么这笔账进系统就会被消掉,如果没有包含早餐,那么就会挂到您的房账上。"客人便说:"那这样的程序只会浪费人力物力,很多第一次过来的客人也会比较敏感,其实像其他酒店,用房卡刷一下,即方便你们,也方便客人。"我便应允到会跟上级反应。他讲了很多,但是也很配合的签了单。跟经理说明情况的时候,他也很无奈,毕竟是上级的指示,尽管反映过,但是他们总会用这是集团的标准来解释。

因签单而导致的纠纷时有发生,还有一次也是因为签单,客人直接在餐厅吵闹。因为在带位的时候,咨客说道需要客人在用完餐之后签单,这时客人便很生气,说道:"我房间送早餐,我为什么要签单。"尽管我们再三解释:"签单只是确认您来用过早餐,不会产生额外的费用。"可是客人还是很生气:"我不签。"我们的同事便说道:"这是每个人都要签的。"客人听后更是生气:"那行,我就站在这里看着,如果有一个人没有签,我就要投诉你们。"同事叫来了经理,经理解释后,客人还是很生气。最后只能先缓和客人情绪,让其先用早餐。这件事才过去。

【评析】

一、客人对于签单比较敏感的事情时有发生,只是不同客人会有不同的反应。对于本案例中第一位客人,他是在对比其他酒店之后所得出的结论,用比较和善的态度给我们提供建议。而第二位客人采用比较过激的方式来体现他对签单的不满。不管采用何种方式,有客人这样反映了,那么酒店就有必要重新思考签单的必要性,毕竟服务行业讲究的是客人的体验,如果因为这样一个小细节,让客人在体验过程中有了不愉快,那么会相应降低客人对酒店的满意度。

二、每天早餐,收银需要打印出最少一百份单,然后交由咨客派发。再由收银收回抛单。再将一联白单给前台,其余投财务。这样的流程对于酒店餐厅来说,是比较浪费人力、物力以及时间的。很多时候单一多,收银整个上午的工作就是站在收银台里面抛单。

三、签单对于餐厅来说，会比较容易造成跑单、漏单的现象，因为签单是在客人用完餐之后才签的，所以很多客人会忘记签单，或者因为记错房号而乱签。或者，很多客人对签名也会比较敏感，所以很多客人在签完房号之后，不签名字或者就画几笔就离开了。再加上很多时候派单和抛单的人不是同一个，所以就算客人的单有问题，客人也还在餐厅，我们也很难找出这份单的客人。

四、抛单是人工操作，难免会出现错误。有时候可能因为看错房号而将账单抛错房间的情况。

五、签单是客人在签，但是有时候也会出现，客人签完不认账的现象。虽然这种情况比较少，但是如果客人有意而为，随便乱签名字不认账。我们也是无可奈何。

六、如果能采取刷房卡的方式来挂账：1. 会相应减少很多人力、物力和时间，客人只需要在门口刷房卡，咨客带入，收银可以在区上做服务工作，有另外的付款方式的时候，咨客与收银交接好，等客人用完餐买单便可。2. 能防止客人赖账，准确挂到客人相对应的房间上。3. 避免客人因签单或签单带来的其他问题而与工作人员发生冲突，力求做到每一次服务都让客人高兴而来，满意而归。

案例分析 49：晚宴的骚扰事件

2015 年 2 月 9 日，××酒店餐饮宴会部迎来了某集团的晚宴。从宴会开始到差不多结束都是风平浪静的，到了晚上十点左右，几百个客人走的七七八八，只有少数几个人还在喝酒，几乎当我们放松下来，收拾餐具，等客人走了就准备下班的时候，竟然有三位（两男一女，其中一男一女是夫妻）客人发生了争执，大吵了起来。当服务员注意到他们争吵的时候，就赶紧跑去找我们部门的经理，当服务员把客人的情况反应给部门经理的时候，部门经理马上赶过去劝解他们，后来经过部门经理的详细了解，终于知道了争吵事件发生的原因。原来是其中一位男客人对夫妻中的女客人毛手毛脚，而夫妻中的男客人对此非常不满，若是那位对人毛手毛脚的男客人道个歉就会大事化小的，但是他不但不道歉反而拒不承认地与夫妻中的男客人争辩，导致矛盾升级，最后夫妻中的男客人要查看监控录像。部门经理及时赶到，对他们进行了劝解，最后毛手毛脚的男客人终于承认自己的不良行为，诚恳地对他们夫妻道了歉。或许是那个毛手毛脚的男客人意识到自己的行为失态而感到不好意思，所以当他们的矛盾解决了之后，他就坐在停止运行的扶手梯那里垂着头坐着，部门经理看到了对他安慰了一番，并叫服务员给他拿了一瓶水，事情就解决了。

【评析】

每个酒店的宴会，应该多多少少都会出现类似的客人与客人之间的矛盾，毕竟来宴会吃饭的客人与客人之间不一定是熟悉的,再者一个较大的宴会,来吃饭的客人数量会有好几百人甚至上千人,人多难免就会出现问题。而宴会所出现的问题更是五花八门。上述案例最根本的问题就是喝酒闹事,客人耍酒疯,做出了不恰当的行为。对于这种事情最好的解决办法就是耍酒疯的客人自己承认错误,毕竟非礼了人家的老婆,老公生气是难免的,而被非礼的女客人也是相当尴尬的。当客人之间的矛盾升级为要靠监控录像来解决的时候,经理及时到来的劝解可以说是对争吵中的客人起到了很好的调解作用,经理的苦苦劝解终于让耍酒疯的客人稍微清醒地意识到自己的错误并且诚恳道了歉。鉴于是喝醉酒才做出这样的事,再加上主人家办喜事举行的晚宴,所以被非礼女客人的丈夫看在主人家的面子上没有追究。在醉酒男客人对自己的错误垂头丧气的时候,经理叫服务员送来的一瓶矿泉水对醉酒男客人的自责起到了一点点的安慰。正因为服务员及时发现并通知了经理,而经理的耐心劝解,再到最后的一瓶水都为此次事件的解决起到了作用。

案例分析 50：网络瘫痪了

2015 年 4 月 16 日,××酒店三楼宴会会议室里,某投资股票公司经过一天的休息,在下午两点半就在会议厅开起了会。除了偶尔几个人出来问厕所在哪,一切都如预期的进行着,可是在会议室里的客人热情激昂地准备卖出或买进某股的时候,网络瘫痪了。当客人把事情告诉服务员的时候,服务员立刻反映给了经理并及时拨打了 IT 网络值班工程师的电话。网络工程师很快拿了自己的电脑下来,大概弄了半个小时,只能让少部分的人上网。工程师说一个区域那么小,而几十个人的手机和电脑所需要的网络不能被满足,所以才导致网络瘫痪。而客人则很生气,客人说正是知道自己的会议需要用到强大的网络信号,所以在确定来开会之前就特别强调了网络问题,而当时的销售人员也一口答应网络绝对没问题。但是网络的确出现了问题,导致客人没有及时卖出或买进股票,有了损失。而销售负责人听到之后一个劲地向客人道歉,并承诺给客人打折,但是客人说这次的事件可以不追究,但是下次来惠州应该不会再考虑来该酒店住宿或是开会了。客人走后销售人员说向其中的一位网络工程师说过网络的问题,但当时那位值班工程师说网络供四十人用是没问题的。

【评析】

商务客人最注重的就是网络问题,尤其案例中的客人还是进行股票交易的,所以网络则显得尤为重要。偏偏不巧,最不应该出现的问题却出现了,而客人也在会议之前强调过网络问题,所以,网络瘫痪直接让客人对酒店判了死刑。如果能够及时弄好可能客人不至于以后到惠州都不再到该酒店消费,虽然销售人员向客人道了歉并承诺消费打折还是平息不了客人的怒火,可见客人的损失较大并对酒店的办事效率不满意。而这件事情中最大的错误就是销售人员和网路工程师之间没有把问题说清楚,销售人员说问过网路工程师可以容纳几十个人上网,而来修理网络瘫痪的工程师说不可能在那么小的空间里同时容纳几十个人使用网络。对于这件事,网络工程师和销售人员不好说谁对谁错,我只能认为是各部门对自己部门的一些专业术语的理解有点问题,也可能他们在表达的时候模棱两可,各自认为了自己认为的意思。对于这件事情,销售人员对客人最后的处理是值得肯定的,若客人离开还进行后续道歉,每隔一段时间问候一下客人,可能他们就会感受到我们酒店的诚意,从而慢慢消除心中的不满。

案例分析 51:一个肉蟹怎么有两个蟹盖?

　　惠州某度假酒店住着一位白金卡客人。一次,他和他的妻子来中餐厅吃晚饭,看完菜单以后,要点单,当时是我点的单,要了一个肉蟹,姜葱炒,还有一些别的海鲜和热菜。到了买单的时候,他们叫来我,指着那盘肉蟹问,这是一个肉蟹吗? 我说是,他又问,那怎么有两个蟹盖呢? 当时我也惊讶了,我就说,那味道怎么样呢? 他的妻子说,不新鲜。当时我为了补偿她和他的妻子,就说,要么给您切一份水果吧。他说,我都认识你们这里的总经理,经常和她一起吃饭,还有,你们刚上任的助理餐饮总监,我经常说他能力一般,都不怎么样,还在乎你一份水果吗? 当时客人的态度还算好的,一直说,没事没事,我来签单。但我还是叫来了副经理,副经理说要不然取消这个菜,客人仍说不在乎,不在乎这道菜的价格,我都和你们总经理吃过饭,不在乎这点儿钱。客人又说,你们是不是几个蟹事先杀好了,称一斤给我们,要不然怎么会不新鲜? 最终,因为客人态度好,仍然签单了。

【评析】

　　本案例中一个肉蟹有两个蟹盖以及菜不新鲜的事件,其主要责任在外包商海鲜池方面,因为他们没有当场杀蟹,而是事先杀好,又称一斤三四给客人(因为一个肉蟹有一斤三),导致一个肉蟹有两个蟹盖,以及肉蟹不新鲜。但是酒店方面也有错误,第一,厨师长没有监督海鲜池的行为,导致海鲜池为了图方便而事先把海鲜杀好,到了有单的时候,又称了一个蟹的重量给砧板;第二,砧板没有发现一个肉蟹有两个蟹盖,这是他们工作的过失,第三,厨师、传菜员、服务员都没有发现,在经过了这么多个人的手之后,竟然都没有发现,这就是他们工作的失误了。另外,虽然客人的不计较和友好导致这道菜没免单,但是副经理的处理方式不太恰当。由于客人是白金卡客人,为了稳定客源,她应当给予客人一定的补偿,并道歉,本着"客人永远是对的"的原则,从中吸取教训,加强对海鲜池的监督和员工的培训等等。还有,副经理在给客人免掉这道菜的单的做法是酒店管理人员对白金卡客人表示的尊重,几乎所有的酒店都有这方面的内部规定,但应当注意的是:不要为了利益而否认自己的错误,选择不去处理这项失误,否则,客人不会再光临这家酒店,而给酒店带来巨大的损失,何况是白金卡客人。

案例分析 52：客人的愤怒离去

周末的一天,惠州某度假酒店的中餐厅里客人很多,可以说是爆满,大厅全部坐满了人,而且包房也有客人,所以我们是手忙脚乱,在酒店高峰期的时候,小美礼貌且友好的服务完客人,给客人点完单以后,就去忙其他事情,帮忙上菜,收拾碗筷,撤桌布,铺桌布,摆台等等,然而却忘记了最重要的事情:下单,所以,客人在看到比他们晚来的人都吃到热菜以后,终于爆发了,气冲冲地来到了副经理和我们服务员面前气愤的说明了他们的来意以后,又说:"如果还没下单,我们就走了。"他们这样讲,肯定是有回旋的余地的,但当时我们没想到,或者是被他们的气愤吓到了,或者是怎么的,总之,副经理和我们都没讲什么,就只看了一下是几号台的客人,又问一下是谁点的单,看一下有没有点单,确认一下确实没有点单,客人听到以后,就气冲冲地走了,小美和我们都害怕他们投诉,但最终也还是没什么,我们就松了一口气,后来对始作俑者也没什么惩罚。

【评析】

类似本案例中忘记将点菜单下单的事不胜枚举,但是在我们所做的酒店中,还是很少发生的,反正在我所做的这一个月里,只有一次,而且还是暑假工犯的错误,并不是说暑假工就可以原谅,这场纠纷的主要责任肯定在酒店方面。第一,服务员不应该在给客人点完单以后去做其他的事情,而是立即去下单,让客人尽早吃到热乎乎的饭菜,达到客人的基本需求:温饱。第二,酒店方面要加强培训,在为客人服务的过程中严格执行酒店的规章制度和服务程序,对客人真正的负起责任,不要因为是暑假工,而少培训,甚至是不培训,第三,副经理和服务员在遇到问题时没有灵活、及时、积极应对。再遇到这种情况我们应该及时表达我们的歉意,及时下单,再送一两个菜,或者送一个餐后甜点或水果,几乎就可以平复客人的怒火,以达到留住客人的目的。

案例分析 53：遗忘了的蛋糕单

某一天早上,因为入住客人很多,所以西餐厅早餐特别忙,人手又不够,基本上从早上 6 点钟开餐开始到 10 点半收餐时,客人都没有间断过。而那天上班的只有两个咨客,刚好有一个客人订了一个蛋糕是需要早上 10 点过来取的。开餐之前当班的咨客已经检查过蛋糕单,并且告知同事要相互提醒在客人来取前打包好。但是刚好开餐到收餐两个人都没有停止过在餐厅里奔走,也没有人记起这件事。直到客人来拿蛋糕时,咨客才匆匆忙忙跑下去负一楼拿蛋糕。又因为客人本来就有要求要写生日祝福语,但是饼房师傅并没有按照要求完成,当时中午又开餐,所有师傅都在西餐厅进行开餐准备没有人有时间下去帮客人写祝福语,于是我们只好向客人表示歉意。客人因为长时间的等待已经不耐烦了,说很不满意酒店的服务态度。接着客人说赶时间不等师傅写祝福语了,要求我们给她生日刀叉,刚好西餐厅上面没有了,得下去负一楼的仓库拿,于是咨客返回跟客人表示歉意。这时客人开始破口大骂,说自己等了这么久,我们不按要求给她做就算了,就算是自己赶时间也总要给她刀叉的。于是我们赶紧跑下去负一楼拿,并拿了一块生日快乐的牌子,在乘坐电梯回西餐厅的时间里写了一张表示歉意的纸条打算向客人表示歉意和诚意,结果赶到西餐厅时客人已经离去。

【评析】

　　客人不满的情绪是渐进的。首先餐厅没有在客人要求的时间内帮客人打包好蛋糕,是服务上的疏忽。其次饼房师傅在做蛋糕时经常性忽略客人的要求,如果餐厅人员不提醒,饼房师傅就不按客人要求做好蛋糕,导致客人在花费时间等拿了蛋糕后发现不是按照自己要求做的之后更加不满。另外餐厅日常所需用品没有备足,不能及时给到客人,导致客人的不满情绪上升,最后爆发并产生了不良影响。

　　为避免类似的情况发生,能给客人满意的服务甚至是超前的服务。需要我们服务人员更细心认真地检查并做好我们的工作。首先每天早班上班前就可以先检查是否有需要提前取并打包好的蛋糕,要及时提醒并且交接给其他同事,以防自己忙起来忘了,别的同事可以继续跟进。每次拿蛋糕前提醒饼房师傅记得按客人要求做好,是餐厅同事的责任,但是饼房师傅最好能养成习惯按照客人要求来做,是避免出错的关键所在。及时检查好餐厅各种日常所需用品的补给,在客人来之前做好一切的准备工作,争取给客人及时且到位的服务。

案例分析 54:记住客人的喜好

　　有一个德国客人 Mr. Ralph,在酒店住了一个星期,每天都来西餐厅用餐。第一天他下来用餐的时候,我们热情地和他打了招呼并领他到座位上坐下。接着他问我们餐厅有没有蜂蜜,我们请他稍等并帮他去找蜂蜜。结果问了厨房,饼房都刚好没有蜂蜜了,于是向客人致歉。Mr. Ralph 听到后表示可以理解并说这不是我的错,不用道歉。过一会他拿布菲的食物,走到我们展示柜旁边看到有苹果就问我说他可不可以要一个苹果,因为早餐布菲台的水果是没有苹果的,而客人又很希望可以早餐吃一个苹果,这是他的习惯,于是我们就给了他一个苹果。第二天他下来吃早餐的时候,我们很开心地和他打了招呼问了好,他同样问我们要了一个苹果,并且自己带了一大罐蜂蜜,他说是他昨天自己去超市买的。第三天他过来用餐的时候,我们已经为他准备好了一个苹果,他表示有点意外但是特别开心。而且我们观察到他是真的特别爱吃蜂蜜,短短一个星期内他就把自己买的那一大罐蜂蜜吃剩不到五分之一了。于是在他要离开酒店的那一天早上,征得领班同意后,在他用完餐准备走时我们为他打包了一杯他喜欢喝的卡布奇诺,并用礼盒包装好了一罐蜂蜜作为礼物送给他。Mr. Ralph 表示非常高兴并在离店时回赠了我们一份巧克力表示心意。

【评析】

每个客人到达一个酒店后,都希望能得到优质的服务。首先微笑服务是酒店接待客人恒久不变的主题,微笑是让客人满意的第一步。有很多酒店要求员工要询问客人的姓名并称呼客人,也是为了让客人有一种被尊敬,觉得自己受到重视的感觉。在对客服务中,除了为客人提供规范专业的服务之外,如果我们能通过观察或者交流,了解并记住客人的喜好,往往能及时给到客人优质到位的服务。从客人的角度出发,用适当的语言及方式,在适当的时间里让客人感受到服务的周到甚至超值,微笑亲切地与客人沟通,拉近与客人的关系,更为细致的服务能使客人印象深刻,从而提高宾客满意度与认可,愉快的用餐体验容易获得客人的认可与归属感,从而提高客人对酒店的忠诚度。其次在条件允许的情况下,及时为客人提供超前服务,创造意外的小惊喜,贴心的服务会让客人感到愉悦并保持对这家酒店的忠诚。这种服务与服务员平时工作中的细心是分不开的。在酒店的服务中,有许多细微末节的琐碎小事,然而正是这些小事才构成了酒店的服务质量。

案例分析 55：一杯冰咖啡引发的案例

这天下午老大带了一位四五十岁的非常有内涵的男顾客来行政酒廊,我询问了他的房间号,一查,VIP7！！！ VIP5,VIP6 都是极少的,我还没有见过 VIP7,他应该就是传说中的皇家大使,我心猛地一跳,马上热情的招待了他,一开始他只是说来坐坐,等我再问他需要用些什么,这里有咖啡,红酒,白(葡萄)酒,果汁……,他说:"一杯冰咖啡,谢谢"。我蒙了一下,没有听说过冰咖啡,也没有做过冰咖啡耶,于是我不好意思地说:"先生您好,行政酒廊现有的咖啡有卡布奇诺,浓缩咖啡……,冰咖啡西餐厅那边才有,需要您稍微等一下,可以吗?",客人说:"那不用了,太麻烦了。"我说要不然喝杯水,他表示不用,只想休息一下。

过了一会,他看了看时间,又问,这里有没有电脑,我听了一喜,回答说:"这个有,您这边请。"他说他需要打印登记牌,于是我带他去配有打印机的电脑,他显得有点高兴,并对我表示感谢。但是不久他问我:"你们的电脑怎么不能打印,好像电脑版本太旧,没有这个功能。"于是我又慌又心急,怎么会这样子呢,试了试,确实不行,于是我跟他说:"如果您不着急,我帮你联系一下上级帮你解决这个问题,可以吗?",他表示有点急躁兼无奈,中途我们更加热情地招待他并且表示非常抱歉,还奉上冰咖啡,后来领导亲自过来帮助客人解决了这个问题,客人才差强人意地回去了。

【评析】

本案例中服务员与顾客之间交流其实非常平常,就是由一杯冰咖啡开始和结束的,这个过程给客人留下的印象其实应该是非常不好的,即使最后解决了问题,酒店的形象已经大打折扣。造成这种后果的主要责任在于酒店。

第一,客人点东西没有餐牌,加上服务员说的不够详细,因此客人点的东西可能没有,平时可能没有多大问题,但是遇到某些比较特别的客人时,就会产生矛盾,甚至造成不良后果。酒店在某些细节上应该再重视一点,方便客人也方便自己。

第二,服务员应该尽可能地满足客人要求,即使麻烦一点也应该尽量满足客人第一愿望,而不是退而求其次,希望客人迁就酒店,这才是酒店服务客人的宗旨。

第三,在客人使用电脑或者其他资源配置时,应该要帮助客人或者告诉客人一些注意事项,当然酒店也需要及时更新设备设施,并且教导服务员一些必备的知识要点,以便客人提出疑问时做出解析,这才是一名优秀的服务员。

第四,酒店提供给客人的物品选择过少,应该增加酒店各种物资设备的种类和数量,当然也需要保证其品质质量。

其实总的来说,酒店服务员的培训没有高标准要求,还需要进一步加强管理,而且事事都需要与时俱进才能够发展得更好,从而得到顾客的青睐认同。同时,无论何时何地酒店的对客服务都应该做到最好,不然,案例中就不会只是损失一位重量级顾客,更甚至是损失一位忠诚顾客,连带着将会损失其他潜在顾客。

案例分析 56:这盘菜究竟是哪一桌的呢?

某天天气很炎热,客人又非常的多,经理那天又没有安排多少人上班,碰巧的是基本都是我们实习生那天在上班,老员工只有一个。所以那天大家都比较浮躁怕出错,记得那天安排了两个人传菜,一个人上菜,一个人点单收银。我们都比较忙,都在忙着自己的事情。我每次传菜都是按照那个清单上面来的,可能是之前客人不多,比较闲吧,而且帮手又那么多,所以也就没有出什么差错。这次因为订单比较多,我忙不过来。传菜的时候一急之下就把 3 号桌的菜传到了 4 号桌那里去了。记得当时 4 号桌的客人是来自重庆的游客,他们比较喜欢吃辣,还让我给他们推荐了一些辣一点的菜。当我把 3 号桌的菜上到 4 号桌时,当时客人都愣住了,一位年轻妹妹说她们没有点这道菜,当时可能是他心情不好吧,对我大吼大叫的,还不停地说我不负责任。当时我也只能及时道歉请求得到她们的原谅了。一道菜出错了,接下来的菜都传错了,乱作了一团,当时心情极度郁闷,又被领班骂了。为什么别人都不会出错,偏偏是我出错呢?我自己也在反思,后来领班说是我自己不会灵活一点,做事还是缺乏灵活性,平时多多记记菜谱,把菜谱熟悉了就不会错了,以后传菜的时候就会得心应手了。自己背后想想确实也是这样的,平时还是要多多动脑筋,要学会灵活一点。

【评析】

1. 在为客人服务的过程之中,有失误的地方的时候一定不要推卸责任,即使你侥幸逃脱了,客人也会追究酒店的责任。所以一定要诚恳的道歉,请求客人的原谅。如果客人还是不满意,尽量弥补自己的过错。比如遇到传菜出错时,尽量请求客人原谅,有的时候让经理出面道歉,并赠送果盘,希望客人吃的开心一点,表示我们酒店的诚意。

2. 作为酒店的员工要认真对待自己的本职工作,提升自己的专业素养,不要小看服务员这个行业。每个行业都有自己的专业职责,所以要认真对待。这样才能为客人提供优质的服务。

3. 在学校我们学的是理论知识,在实习中我们应当将这种理论应用于实践之中,只有理论与实践相结合才能更好的工作。

案例分析 57:这瓶酒究竟是真的还是假的?

其天晚上,中餐厅来了很多东北客人,他们好像是一个旅游团过来的,记得当时还有导游在,由于是旅行社那边统一订的餐,所以就没有酒水类的,当时还听到导游在说如果需要酒水,就游客自行付费,旅行社不付酒水的钱。记得是松园 2 桌,那一桌要求我们给他们供应一瓶酒水上来,于是我就去拿了一瓶酒给他们,当时他们也没有问我什么,就直接打开喝了,我也忘记给他们介绍价格跟酒名了。拿了酒之后我也没有想那么多,就去忙着招呼别桌客人去了。后来大概过了半小时之后,一位客人突然在那边大吼大闹,说那瓶酒是假的,不是他们之前喝的那种味道,还在那里起哄,敲碗,打盘子,说是要投诉我们中餐厅,还在那里说我们根本就不配五星级这样的称号,等等。当时经理也没有在,所以只有我们实习生出面去了。我匆忙赶过去,询问发生什么事情时,那个客人凑热闹更加的生气了。对我大吼大骂得。当时我也没有办法,为了缓和形式,只有哑巴吃黄连有苦说不出啊。连忙先道歉,再轻言细语地问:"先生对不起,我们服务员来晚了,请问出什么事了吗? 可以说给我听一下吗?"然后那个先生才静下来了。他说酒是假的不是他之前喝的那种味道,怎么怎么的。然后我知道情况后马上就说,先生不好意思,您先稍等一会,我马上跟经理报告,于是我马上给刘经理打了电话,恰好经理就在离中餐厅不远的西餐厅。经理急忙赶过来先是安抚客人的情绪。然后亲自请专人来鉴定了,耐心地向客人解释说到:"我们酒店在顾客心中的信誉一直很好,决不会拿自己的牌子来开玩笑的,所以请您放心饮用,我们的烟酒都是经相关许可从正规渠道进来的,不会有假的。"当时客人听到经理这么一说加上专家过来当场鉴定,客人也就没说什么了,当然经理也挺幽默的,看到客人为刚才的行为感到不好意思时,经理处处为客人找台阶下,就幽默地说了句,你们是喝多了哈,嘿嘿可以理解的。后来大家都挺高兴的。

【评析】

1. 遇到此类问题作为服务员要向上级报告,管理人员经过了解后,请专人亲自鉴定一下是真是假。视具体情况而定。如果是假,则诚恳向客人道歉,及时为客人退还并给予相应优惠,如不是假的,则要耐心跟客人解释,"我们酒店在顾客心中的信誉一直很好,决不会拿自己的牌子来开玩笑的,所以请您放心饮用,我们的烟酒都是经相关许可从正规渠道进来的,不会有假的。"如果客人还是不相信可当面将烟酒封好并送部门检验,但账单必须先结好。如检验出有问题,我们酒店会依照有关法规给予赔偿。

2. 遇到这种情况发生时一定不要慌张,要冷静下来。心急是吃不了热豆腐的,只会把事情搞得更糟糕。

3. 遇到是客人出错了,不管客人是出于什么方面的原因,如果不是什么大的方面的问题,我们都不要给客人难看,尽量给他们台阶下。说不定你的一句幽默的话语就能化矛盾为干戈。说不到还会给客人留下好的印象,给酒店带来更高的回头率,从而给酒店带来更多的收益与回报。

案例分析 58：餐具收还是不收？

在餐厅用餐时,特别是自助餐,经常会有服务生在楼面上看着,一旦有客人用过的空盘子就要及时收走。在餐厅客人十分多的情况下,为了确保餐具能够正常补给或者快速摆台,就要求服务员要眼疾手快的把餐具收回来,以便送去管事部阿姨清洗,也方便这边及时翻台。

但往往有时候,客人去餐台上取食物,过了一段时间还没有回来,服务员会以为客人已经离开,于是便把餐具收了,快速地翻台。正当此时,客人端着食物回来却看见一张待清洁的空桌子,客人顿时就会觉得餐厅没有尊重他,他还没有走就已经把桌子收拾好了,怒气丛生。

另外一种常见的情况就是,在餐厅人多时,服务员往往要照顾到很多张台,这时候以为客人已经离店了,但因为餐厅人来人往,服务员误以为客人还在取餐,所以只是收了桌子上的空盘子,餐具杯子依然摆放在桌上,等待客人回来继续用餐。这样往往会使这张台造成浪费,翻台率大大降低。所以在平时餐厅的服务与管理过程中,关注客人的需要就成了每一个服务人员及管理人员必须做到的。

【评析】

在自助餐厅这是一种常见的情况,为了给客人提供更好的服务,就要求服务员一定要做到"关注客人",既要随时观察客人的动态,通过客人的言行举止推测客人是要去取餐还是准备离店了,离座后也要看看客人是否还在店内,还是去洗手间。由此来决定是否要收餐具,避免收地太快使客人感到不快,同时也避免客人已经离店,却还没有翻台,造成其他客人久等。"关注客人"不仅仅体现在是否收餐具上,当客人一走进餐厅,从最先接待客人的咨客开始,到为客人服务的服务员,甚至于管理人员都要处处落实。咨客要注意客人是否需要用餐还是有什么其他的需求,好在第一时间为客人提供所需;服务员则要关注客人在用餐过程中是否有什么需要帮助的,不仅仅是收餐具,有时候在客人有需要时第一时间为其提供服务,客人也会觉得非常满意,而在客人没注意到水杯空了但服务生过去及时补满水时,客人可能会更加暖心。对于管理者来说,关注客人更是工作,一种责任,管理者的工作是为了领导员工为客人提供服务,所以关注客人更是第一要务,在管理过程中关注客人的一举一动有助于服务客人,减少客人投诉的可能性。

案例分析 59:不只是点单

在我们餐厅,不仅仅要为酒店客人提供早餐自助餐,还要为团购客人及散客提供晚餐自助餐,其他时间还提供散点服务。

当客人来用餐时,我们要做的不仅仅是给客人点单,而是要通过跟客人简短的交流,为他提供更多样更便捷的选择。比如客人在翻阅菜单时,琳琅满目的菜式可能会使客人挑花了眼,反而耽误更多时间,我们就可以问问客人喜欢什么口味的食物啊,想吃中式菜还是西式菜? 中式菜有炒菜还有面食,西式的有扒类还是汉堡三明治之类的简餐? 还有没有其他的特殊要求呢,比如多辣少盐,对哪些食物过敏等……如果客人不喜欢菜单上的菜式,那我们还可以帮助客人跟厨房沟通,看是否能为客人更改菜式,为客人提供更合口的美食。通过与客人交流,一方面可以快速地帮助客人做出选择,同时也体现了我们的专业性,可以为客人提供更专业、更多样化的服务。

【评析】

在我们出去用餐的时候总希望获得更好的服务,那么我们作为一家高星级酒店更是要以为客人提供专业、个性化、多样化的特色服务,让客人吃得放心吃得满意为主要目标。因此在平时的工作中,每个人都被要求不仅要十分了解餐厅的所有工作流程,更要了解餐厅的所有推广活动,以及菜单的每一个内容,在客人有需要时,不假思索的给客人回答,并且答案要准确无误。在客人点单时,更是要及时地向客人推荐美食,不仅为客人节省了时间,更让客人感受到贴心我们对客人的关注。其实不仅是在餐厅需要这样做,在酒店的每一个部门,每一个岗位都需要有这样的意识。在前台,就要了解每日的房价,每间房是什么房型、哪种朝向,以备客人的随时提问,节省客人的时间。在礼宾部的同事,则要了解得更多,哪里有购物的地方,哪里有好吃的东西,哪里有景点,如何更快捷地到达某地,订购车票等等一切客人可能会提问到的问题统统都要了解。像餐饮部、销售部等等的部门也都要如此,每个部门都需要对自己内部的工作完全熟悉后,才能在客人有需要的时候及时服务,这样才能让客人满意,这同时也是对自己工作的肯定。

案例分析 60:啤酒的价格

　　有位客人在房间点了 10 罐冰冻青岛啤酒,然而话务员小周并没有问清楚客人点的到底是房间冰箱上酒水单的啤酒,还是点餐本上的青岛啤酒(因为房间冰箱的价格是 10 元/罐,而点餐本上是 28/罐),然后就让送餐部给客人送过去了。不久送餐部的同事打电话过来说客人拒绝付费,因为他点的是 10 元/罐的冰冻啤酒,他不管啤酒从哪送过来。

　　这时候话务员小周也糊涂了,不知道该怎么办。送餐部的同事说消费清单已经打出来了,不能删单,删单需要主管签名才可以。于是小周只好打电话跟客人解释:房间点餐是按照点餐本上的价格的,并给客人致歉。客人立马就火冒三丈了:为什么收他 28 元/罐? 为什么冰箱的饮料价格跟点餐本不一样? 你们这是什么酒店,定价是胡来的吗? 并强烈要求见大堂副理。

　　最后小周找了大堂副理来解决这件事。大副跟西餐厅的主管去给客人道了歉,啤酒按 10 元/罐收取费用,并给客人赠送了水果。

【评析】

　　这是由于酒水定价不同而引起的纠纷,话务员、酒店方均有责任。

　　第一,当客人在房间点酒水的时候,没有问清楚客人看到的究竟是冰箱上酒水单的价格,还是点餐本上的价格,导致了客人对酒店定价的疑惑。

　　第二,当事情发生后小周应该跟大副说明事情的原委,让大副去跟西餐厅的主管协调,而不是去跟客人协调,企图让客人接受 28 元/罐的啤酒。

　　第三,酒店的定价有必要调整一下,因为不一样的价格会给客人造成困惑,导致客人对酒店的信用度降低,影响酒店的形象。

　　最后大副跟西餐厅主管共同解决了这件事,我们没有跟客人讲清楚啤酒的价格,而且定价不一也是我们酒店方的责任,只能按照客人看到的价格收取客人的费用。

案例分析 61：点餐的失误

2015 年 8 月 15 日晚上，由于我们酒店这两天接待了一个大型的医疗团队。有两百多间房，加上其他的小型团队，房间基本是已经没有了。只剩下总统套房。由于入住客人多，人手不足，所以安排到上夜班的只有一人（通常也就只有一人）。刚和同事交接完，电话就一直响个不停。这时候，住 2315 房的客人黄先生点了一份印尼炒饭和水果沙拉。刚挂黄先生的电话，2513 房的陈先生也打电话来，说要点一份云吞汤面。和客人说了由于今晚较忙，点餐可能会比较晚送到，大概 35 到 40 分钟。客人也表示能够理解，就说尽量给他送快点。然后，挂了 2513 陈先生的电话后，连接着又来了好几个电话，都是一些要加物品的，在忙完给这几个房间的客人加完物品后，我立即打电话给厨房，让师傅做了这几道菜。再然后打给送餐部门的同事，让他送餐去这两个房间，但由于同时接待太多房间的电话，我弄混了这两个房间的点餐内容以及送错了单。由于一直很忙，我自己也没有意识到自己下错了。就一直在忙。直到送餐部门的同事打电话来和我抱怨说 2315 点的不是云吞汤面，问我是不是下错单了？我这才意识到自己的错误。马上翻看查找了当时的电话记录，找出了点餐时接的那几个房间，再分时间筛选。终于发现是自己下错单。将这两个房间客人点的餐分别送错了。于是赶紧重新下单（因为我们酒店规定只能经理撤单，但由于上夜班，经理不在，撤不了单，只能重新下单。第二天早上经理上班了才让经理来撤单。）让送餐部门的同事赶紧重新打单，分别重新送过去，这个时候已经是在点餐后的第 50 分钟了。2513 的客人也打电话来催促了好几次。经过多次的催促，以及超过说好的时间太多，2513 的陈先生情绪很暴躁，感觉自己消费了，入住了五星级酒店，就是为了享受五星级服务，怎么点个餐也那么慢，对我们酒店的服务实在是很失望。在和客人沟通多次无望后，我和值班经理说明了事情的大概和起因经过。值班经理立即和客人协商，并同意给客人赠送欢迎水果以及酒店的小礼物——天鹅，来让客人重获对我们酒店的信心。客人最终对我们酒店处理投诉的方式很满意，满意地离去。

【评析】

本案例中由于入住客人数量多，电话应接不暇。导致话务员点餐送错房间引起的纠纷，虽然起因于话务员不够仔细，接电话手忙脚乱并且没有做适应的笔记。但由于事件没有导致客人受到什么实质的伤害，后期处理起来比较好弄，这主要归根于酒店的责任。没有好好的安排恰当的人手来上班。

第一，虽然客房入住率高，电话多，但是话务员在接到客人电话时应该用笔做笔记，避免遗漏或者弄错客人的意思，让客人感觉我们不专业。无论是酒店的什么岗位，都要有属于自己的专业素养，不能因为忙而慌乱，给客人留下不好的印象。

第二,点餐过后要再次仔细核对信息,发现不对的信息应该立即更改,不要怕麻烦或者被骂,要敢作敢当。

另外,就本案例的情况而言,虽然不会造成客人重大的损失,但是酒店仍要按规定适当赔偿客人损失,同时尽可能将客人对酒店不专业的印象扭转过来,变成一个好的印象。这样,在客人心中,酒店还是一个下次再来仍能选择并推荐给亲朋好友的第一目标。知错能改,善莫大焉。在酒店管理中也是这样,我们酒店员工数目众多,难保没有员工出错,出错之后不认或者没有好的善后措施,这是比错误这件事情更伤客人心的。所以酒店面对的不只是一个客人,还有自己酒店应有的态度。

案例分析 62:此类事件应该如何处理?

6月3日晚,某家五星级日本餐厅预订122人,超额预订42人,点餐形式为半自助(服务员用笔点餐,再用点餐机下单,上菜,补加单,清酒/咖啡/奶茶/啤酒均有服务员递送)。当日人员编制11人,分别是一个领班,一个主管,两名传菜员,一名咨客,一名收银员,五名楼面服务员。客人到店时间集中在18:10—18:50。

18:04分7号房客人打电话过来取消预订,18:06分餐饮部总监何总打电话给日餐主管预订房间,主管告知何总只剩下7号房,何总说客人比较重要,能不能调个和食房,当晚情况特殊,无法再调配。于是何总预订了7号房并告知客人。18:23分,8号房客人电话取消预订,与此同时,自来客尚先生一行5大1小到店,希望餐厅为他安排位置。咨客考虑到何总的客人重要,于是将何总调到8号房,将尚先生带去了7号房,由于客人来的集中,未能及时通知何总和主管。18:31正当咨客给何总打电话时,何总突然出现在咨客台大吵大闹,对咨客言语辱骂,不听任何解释,执意要咨客不管以任何方式把7号房客人赶出去。咨客无奈,只能从客人利益出发将客人转去舒服的8号房。何总愤怒暂得停息。咨客及时将转房信息分别告知寿司吧,厨房,铁板台。由于当晚太忙,只有寿司吧的单转去了8号房,其他的菜均上去了7号房,致使7号房早早地叫停菜,8号房的菜大部分都没上。尚先生想继续加单,无奈找不到服务员,或服务员回应却飞速离开。于是到店3个小时只上了两份沙律,几分寿司。尚先生愤怒坚持只买一个人的单,并吐词再也不会来该餐厅用餐。

【评析】

餐厅方面:超额预订,客人多,来客集中,人员编制不够。当日实际需要服务人员:3名传菜员,1名领班,一位主管,一名收银,两名咨客,楼面服务人员8名。

咨客:私自为客人换房,没有及时通知客人。没有跟进8号房客人的菜单。

主管:没有掌控好全局,没有注意8号房的上菜情况。

服务员：不够灵活，欠思考，责任心不够，只是做到各司其职，相互配合不够。在服务员的培训上，应该全面，让他们感觉到他们也是餐厅的主人，他们才会尽心尽责的为餐厅奉献。

何总：自私，心地狭隘，刚愎自用，没有远见。如果他灵活的给客人介绍说：因为考虑你是 vip，刚刚 8 号房的客人取消预订，现在把你转去环境更好的 8 号房。即使在当时混乱的局面，尚先生也不会受到不公平的对待。

厨房，铁板台：在听到房间更换后，应及时将菜单进行调整，应与楼面人员团结一心。

案例分析 63：应该由谁买单

6 月 29 日中午，预订 5 人，12：02 分甲乙两人到店用餐，明确要求需要一房间。在条件许可的条件下咨客将他们带去了 5 号铁板房，并安排服务员小娜看房。12：20 分常客张小姐一行 4 人到店，咨客安排入 6 号和食房，因为 5 号房、6 号房处于相对位置，于是咨客一并让小娜看管。主管为了酒店利益，13：30 仅安排一名咨客（兼顾收银），一名传菜员，两名服务员（一名看大厅，一名看房），主管本人。两点钟时，收银发现只剩 5 号房客人未买单了。于是前去巡视，发现房间里客人甲在悠闲的看电视，客人乙正起身准备去洗手间，于是转头回来。过了十多分钟，收银见洗手间出来一位客人向门口离去，并未引起猜疑。又过了两三分钟，主管问及买单情况，收银说还剩 5 号房，小娜说客人在洗手间。在确定刚离店客人是甲后，主管立即追上去，终于在大堂吧追上客人，但客人认为自己已经离店，拒绝买单。事后据小娜反映，两位客人有两次一前一后上洗手间，曾有五六分钟房间空无一人，当第二次房间空无一人时，并为引起本人的重视，用餐无异样。

【评析】

造成客人蓄意逃单的原因：

1. 小娜在热情为客人服务的同时，应该留意自己负责房间的动向，在客人离开时应该与收银确认是否买单。做到全面服务，积极与其他同事配合。当发现客人有异常举动时，应立即与主管及其他同事反映，不能习以为常；

2. 主管应该随时与收银确认买单情况，留意未买单客人的动向。向看房，看台人员了解客人的用餐情况和有无异常举动；

3. 收银应随时向主管交待未买单的餐台，以及与看台，看房同事交待该台是否买单。发挥大众的力量；

4. 该部门各个岗位职员配合度不够，应多培训，并加强凝聚力。

案例分析64：醉酒客人的云吞面

今天上夜班，不忙。我在凌晨一点之前就基本把一些固定任务给完成了，于是我就跑到总机办公室和同事聊天，总机的同事突然接到了一个电话，电话对面的李先生是住在2212房间的客人，他稍微有点醉，开始对我们的话务员百般刁难，他点了一份云吞汤面，并一直询问要多久才能送到房间，话务员回答说十分钟左右，于是李先生就开始在电话里计时，并不肯挂断电话，话务员很无奈，因为总机的规定是客人必须先挂电话，话务员才能挂电话。因此李先生不挂电话她就没办法跟厨房下单点菜，话务员费了很大力气跟李先生解释，才劝得李先生挂了电话，这时话务员开始跟厨房下单，一分钟过后李先生再次打电话过来催促，并且在发酒疯，说了一大堆乱七八糟的话，并说要投诉我们，理由是面这么久还没送上房间，电话响了那么久话务员才接电话。于是耐心的话务员又跟李先生一番周旋，这时厨房的师傅发现有些食材没有了，打电话来到总机，而李先生又不肯挂断电话，话务员在应付发酒疯的李先生的同时又要跟厨房沟通，这时就显得措手不及。无奈之下，我们便把情况反映给了值班经理，值班经理接过电话，客人继续胡扯，又说自己不开心想不开，值班经理为防止事态恶化，于是决定亲自上房与客人沟通。最后在值班经理的一番安慰之后，客人冷静了许多，面也送到了房间，这时客人又说面里的汤太少，葱花也没有，值班经理马上又让厨房重做一份，并且很快送上房间，客人这时又要买烟，值班经理又让我去外面买了一包烟给客人，并且不收服务费。在我们各种耐心服务之下，客人终于满意，没有对我们提出投诉。

【评析】

这个案例引起了我的一些反思。一、我们要怎么应付醉酒客人，面对醉酒客人的意识不清或者无理取闹，我们应不应该过分重视，浪费那么多时间与力气和客人进行无谓的谈话。我个人觉得比较恰当的做法是，我们可以通过一些简洁巧妙的语言或一些善意的谎言来应对醉酒的客人，比如说在需要下单而客人又不肯挂电话的时候，我们可以跟客人解释电话下单，跟厨房连线的时候系统会自动地挂线，如果稍后你再有别的需要，可以随时拨打我们宾客服务中心的电话，这时我们应第一时间跟厨房下单，告知客人比较紧急，让厨房的同事尽快把面做好送上房间。这就对我们工作人员的灵活应变能力有一个较高的要求。

二、若客人继续为难，或者继续打电话给总机无理取闹，这时我们就很有必要采取相应的措施。因为遇到这样的客人在电话里是没完没了，解决不了问题的。我们要把情况及时反映给值班经理，在案例中值班经理的做法很值得大家去学习参考，他接过电话，先稳定住客人的情绪，为避免事态恶化，跟送餐的同事一起，上到房间了解情况，对客人进行安抚,这种直截了当的方式更有利于事情的快速解决,而不是在电话里跟客人浪费过多的时间。

三、由于我对总机服务不熟悉,导致我在电话事故发生时没有帮上忙,在话务员手忙脚乱的情况下没有帮她分担一些工作任务,这就要求我要尽可能多地了解前厅各部门的工作内容,特别在夜班人员配备不足而某个部门又特别忙的时候可以发挥自己的作用。

在这个案例里,尽管服务的对象是个醉酒客人,但从客人最后对我们服务的高度肯定中也体现出我们酒店服务的热情、耐心与高标准。这也是值得每间星级酒店,每个职业酒店工作人员学习的地方。

案例分析 65:客房点餐服务超时

客人张女士于 2 月 22 日入住了 1109 号房间,晚上 8 点 50 分时张女士致电宾客服务中心要求点餐,随后点了一瓶澳大利亚的王都柔舒设拉子卡本妮红酒。由于之前曾发生过客人点这瓶红酒的时候已估清,所以我当时并没有立刻回复张女士,而是让张女士稍等片刻,等我先询问送餐部的同事再回复她。于是,我打给送餐部的同事,和他再三确认,他告知我这牌子的红酒是有库存并且可以下单的。接着我便开心地回复客人红酒已经下单了,约 30 分钟会送到她的房间。而客人也很开心满意。原本以为这次点餐就这样顺利完成了。谁知道 10 分钟过后,送餐部同事再次打电话来说这个牌子的红酒已经估清了,我尝试去大堂吧还有西餐厅那里找都找不到,要不你推荐客人点其他红酒吧。当时我听到真是火冒三丈,刚不是确认过这红酒明明是有的吗,而我这边刚也回复客人了。容不得在这儿和他争论了,为了争取时间,我又询问了还有哪些红酒可以下单。这次我打电话去张女士房间,首先和她说明了红酒已估清并向她诚恳地道歉了,随后向她推荐了澳大利亚的另一款红酒。张女士听后虽然有点不开心但还是接受了,并要求快点送到房间。9 点 30 分,张女士打电话来催红酒了,这边为了平缓客人的情绪,(并且计算了下时间 30 分钟也差不多到了)便回答说送餐的同事快到了,已经在等电梯了。9 点 40 分,张女士彻底发火了,怎么还没有送到呢,刚不是说在等电梯了吗,你是不是骗我! 我连忙向张女士道歉,并说由于节假日客人比较多,等电梯耗费了一定的时间,我会再催一下同事的。当我打电话给那边的时候,他们说已经在房门了。最后,虽然送到房间时张女士并没有生气投诉,但却用了将近 45 分钟才把红酒送到房间。

【评析】

酒店提供的 Room Service 的标准流程是 30 分钟之内送到客人的房间,而本案例中几经波折后超时了 15 分钟才送到。虽然最后客人没有投诉,但是过程中却看出客人对此点餐是很不满意的,所以酒店应该从这次事件中反思并吸取教训,以提高服务质量和水平。

1.送餐部的同事应当时刻清楚知道哪些食物哪些酒水是估清的,并第一时间告知总机,以免再次发生同样的错误。在送餐的时遇到什么突发状况,如不能按时送达,应该提前致电总机的同事,让总机的同事提前和客人解释一下,而不应该等到客人打电话来催。所以总的来说,餐饮服务在酒店服务中占有一定的比例,送餐部和总机两个部门要及时地进行有效沟通,传达正确的信息,从而提高客人的满意度。

2.总机的同事在处理客人的投诉时,要学会灵活变通,一方面主动诚恳道歉、安抚客人情绪,另一方面要注意对客服务技巧,学会找合适的理由向客人解释说明,并示以真诚的态度帮助客人解决问题。

3.对于送餐超时这件事,酒店可以在客人办理退房手续的时候,给予客人一定的优惠券或小礼物作为物质补偿,或者邀请客人下次入住时给予欢迎水果或房间免费升级等等,这样做不仅体现出酒店对此次事件的态度,同时也让客人对酒店留下一个很不错的印象。

案例分析66：一杯开水的隐患

一天中午,有对年轻的夫妇带着他们两个不大的儿子来到某酒店中餐厅吃饭,要了一壶菊花茶,整个用餐过程,这对年轻的夫妇各自都在投入地玩手机,两个儿子则在餐桌周围乃至整个大厅追赶打闹,餐厅服务人员曾多次劝告小朋友们不要奔跑打闹,小心桌上的餐具。但作为家长他们并没有过多的制止小孩,当时餐厅也没有太多的客人用餐,随后小儿子坐在餐桌前准备喝茶,因为当时客人不多,在旁的服务员注意到菊花茶对小孩来说太烫了,于是便上前询问:"请问,需不需要帮小朋友倒一杯温开水?"家长欣然接受了。就在服务员去往茶水间的过程中,玩耍中的大儿子不小心撞上了小儿子,杯中热茶全部撒在小儿子身上,孩子被烫到的哇哇大哭起来,家长当场叫来服务员就是一顿责骂,怪服务员没有一开始就给孩子准备温水,并扬言要酒店负责。酒店领导得知详情后要求餐厅相关服务员上交检讨书,酒店为了安抚客人,考虑到他们刚刚入住酒店,便免费将他们的普通客房升级到高级温泉房,并且送上酒店的欢迎水果及饮料,客人欣然接受了,在客人退房时,前厅领导亲自询问孩子情况并送走客人。

【评析】

一、就本案例而言,小朋友被开水烫伤酒店餐饮部门负有一部分责任,餐厅服务员没有注意到从一开始就不应该给小朋友倒烫的菊花茶,虽然过后有细心注意到这个问题并解决问题,但恰恰不及时。

二、这一定程度反映了酒店基层员工培训上存在的不足与漏洞,如果酒店在培训时有特别强调并要求餐厅服务员在给小朋友倒水时需要再次跟父母确认需不需要给小孩倒温白开水,这就可以轻松避免事故的发生也可以使酒店免除一定的责任。

三、但不可否认,作为家长,这对夫妇在孩子的教育和关注上存在不足,这也是引起事故的主要原因,在一定程度上这是父母的不尽责。

四、无论如何,酒店从长远利益考虑一般会秉着"宾客至上"的原则,适当给予补偿,为了稳住客人不满的情绪,酒店方免费升级房型及赠送欢迎礼品,并且时刻关注这间房的客人。尽管客人的确也有责任,但酒店严格要求自己,本着"客人永远是对的"的原则,从中吸取教训,加强服务程序和员工培训,也是很有必要的。

案例分析 67:"麻烦"的房账

一天下午三点左右,张先生来到某酒店温泉蛋档口点了一袋温泉蛋,要求挂房帐,A 服务员一眼便认出这位是昨天入住的张先生:"张先生,您稍等,我需要帮您确认一遍能否挂房账。"张先生:"能不能麻烦你快一点,我赶时间。"按正常程序 A 服务员应该先到档口不远处的电话亭拨打总机电话与前台取得联系并核实客人基本信息,是否可以挂房帐,确定可以挂账后让客人签名确认。这样需要十分钟左右。但是,张先生赶时间所以要求 A 服务员快点处理,由于这位张先生昨天中午在中餐用过餐,昨晚在码头宵夜也用过餐,都是 A 服务员亲自服务的,两次都是挂房帐,这名服务员心想:现在已经是下午三点,早已超过正常退房时间,张先生应该是续住的,错不了。于是 A 服务员再次向客人确认:"张先生,请问你今天是续住吗? 还是 3405 房吗?"他回答:"是的。""那麻烦张先生在单据上确认并签上您的正楷名。"于是 A 服务员让他在单据上签名确认便送走了他。晚上收栏后,进入电脑系统查找竟然无此人信息,随后拨打前台询问,3405 房信息中显示只有周先生,并查到 3405 张先生中午 2 点已退房。不可能,因为下午三点见到张先生时他穿的是酒店白色浴袍还有酒店拖鞋,A 服务员明显觉得是电脑系统出现问题。然后又要求前台帮忙查询,酒店有没有张××的入住者,结果显示还是没有。这位服务员意识到是自己的自以为是导致了麻烦,准备承担损失时,餐厅领班打电话到前台再次确认,有没有其他同住者信息,才搞明白状况。原来是,酒店给他们升级了房间,新换的房间只录入了王小姐(张先生的太太)与同行朋友的信息,酒店前台员工没有做好交接工作,下午上班的其他同事误以为那家人已经退房了。

【评析】

会出现这种状况原因有两方面:

第一,这位服务员应该严格按照酒店收银方式来向客人收银,即便你已经非常确定他是 3405 房的张先生,但也有可能他的房间挂账金额已经超过预授权金额不能再挂账甚至是其他特殊情况,更不能因为客人赶时间而忽略一些重要而且必不可少的步骤。如果当时及时拨打前台电话后查无此人,就会按程序再次向这位张先生确定,提供房间其他入住者信息再次查询。就可以轻松避免接下来的误会发生。

第二,酒店电脑信息系统存在不完善和漏洞,原入住者信息在其更改房间时应该及时地更新至新房间,以便酒店其他部门查询。即使更新出现问题,酒店前台员工也应该及时做好交接,并备注,当其他部门有疑问时能及时给予准确答案。

案例分析68:打翻咖啡

2015年6月30号,因为今天是这个月的最后一天了,所以上班的时候是带着很好的心态去的,但是今晚的经历不是很愉快。有两位女顾客散点餐之后,又招呼我过去,其中一位又点了一份现磨咖啡,于是我就以最快的速度将客人的咖啡呈上来,可就在我往桌子上放的那一瞬间,咖啡杯就这样鬼使神差地倒了,结果一杯热咖啡有一半倒在了这位客人的身上,客人立马站起来,好在咖啡被客人的裙子拦截了,最后咖啡全部洒在地毯上了,我立马给客人拿纸巾擦并连连道歉,询问客人有没有烫到之类的,待客人把身上残留的咖啡擦完之后,我主动提出再为客人换一杯咖啡,这期间我一直在道歉,好怕客人生气,好怕客人投诉,最终那位客人同意换一杯咖啡,当我为客人重新拿来另外一杯咖啡时,又一次的继续道歉,这时候客人的态度没有之前那么的冷淡,反而是看着我并笑着说没关系,没事的,看到客人态度的转变,听到客人这样说,我悬着的心终于落下来了,之后我一直关注着这两位客人,很用心很用心的服务他们,以弥补我之前的过失,说实话心里还是很愧对他们的。事后,我把这件事跟领班说了,领班也没有骂我,也没有说我什么,只是说只要客人对你的处理满意就可以了,并嘱咐我下次小心点。

【评析】

1. 在整个事件中,我觉得我做得最好的就是把自己的歉意毫不掩饰地表达了出来,其次就是快速的处理,并且我的处理让客人得到了满意,最后就是更多地去关注客人。

2. 不足:一直以来我做事情都是毛毛躁躁的,经常出差错,眼高手低,认为我很容易就可以做好。

3. 启示:以后不管做什么,都尽量不让自己浮躁,认真、用心地去做每一件事情。

案例分析69:"态度问题"

实习已经接近尾声了,本来就有点浮躁,每天去上班心情都是沉重的,今天发生的事，更让我立马想离开这里，一刻钟一秒钟都不想待着这里。今晚有团队200多人，本来就很忙了，可是造化弄人，四点多的时候天突降大雨，就这样我们西餐A区全部沦陷，桌子凳子什么的全部被水冲刷了，这下可好，我们可就忙疯了，六点就要准时开餐了，客人全部集中在大堂，（大堂正门口雨水像小瀑布一样整齐的落下，流入大堂内）跟集市一样吵闹，客人没地方去全部往西餐和大堂吧跑，此刻的西餐同事们都在急着移动桌子凳子，收拾被淋着的餐具，领班经理们也在找大盆子接雨水，于是就让我站在大堂吧门口阻止客人进来，有些素质好点的客人给他解释人家还理解，可是有些素质不高的客人不论说什么非要进来，还跟我发脾气，受客人气就算了，关键副经理看见客人进来就数落我怎么让客人进来了，我可真是猪八戒照镜子里外不是人。

　　终于到了晚上开餐了，领班让我把那些淋湿的凳子擦擦（有一个同事在擦桌子），我擦到一半的时候，副经理看到我说我这样不对，应该先擦桌子，说什么凳子擦干净之后再擦桌子的时候还是会有水把凳子弄湿，我就告诉她这里的桌子那边的同事已经擦过了，她就说那你去擦那边的桌子，我就回了一句这边的凳子还没有擦完，她就说让你去你就去，我就乖乖地去那边擦桌子，可是桌子还没擦完，还有一张的时候，她又让我擦她旁边的凳子，说很脏，我就走过去看了一下，真的很脏，我就顺手用抹布扫了一下，返回去继续擦我那最后一张桌子，不巧，就这顺手一扫被她看见了，她就说，小妹，你这样不行哦，你这是态度问题，我就说我怎么态度有问题了，她就一把夺过去我手中的抹布，示范了一下我刚的动作，我就跟她解释说我返回去继续擦那最后一张桌子，擦完之后我就回来再擦凳子，谁知她不听，说了一句你那就是态度问题，然后就走了，然而，所有的这一切都被旁边的同事看在眼里，同事告诉我说她就那样，让我别跟她计较，不知道这样的人是怎么当上经理的，最后我把所有的凳子都擦完了，领班让我去洗台垫，我把一筐台垫拿进去把空筐拿回来时，刚好又被刚那位副经理看到了，她就让我去擦大堂吧被淋的桌子，我正想着该怎么说呢，旁边的同事就告诉她说领班让我洗台垫，此刻看到领班过来了，我还没说话，领班就说那你去擦桌子吧……在我擦大堂吧桌子的时候，在大堂吧工作的同事正处于游离状态——闲着。其实不是我不愿意去做她吩咐的工作，只是她这样未免也太欺负人了吧，唯一支撑着我的就是我的态度没有问题，我一定会证明我自己！

　　【评析】

　　1. 在无法为员工着想的领导手底下干活，任谁都会不愉快的。

　　2. 我们总是在意别人的言论，不敢做自己喜欢的事情，追求自己想爱的人，害怕淹没在飞短流长之中。其实没有人真的在乎你在想什么，不要过高估量自己在他人心目中的地位。被别人议论甚至误解都没什么，谁人不被别人说，谁人背后不说人，你生活在别人的眼神里，就迷失在自己的心路上。记往为自己而进步，而不是为了满足谁，讨好谁……

　　3. 我没有别人说的那么伟大，可以什么方面都往好处去想，只能尽自己最大的力量不要把坏情绪带给别人。总之，这次让我感触最深的就是感恩，感恩我的那些处处找我麻烦,处处挑我刺的领导,因为你的存在让我越发的坚强,毕竟你们也教会了我为人处事的道理,感恩工作上的伙伴,是你们的帮忙让我没有累死在酒店。

4.在实习中,我们要处理好不同的关系,上下级之间的关系、同事之间的关系、与客人之间的关系等等,很多完全不像我们在学校那么简单和直接。调整好自己的心态就很重要了,像我们这些被称为"天之骄子"的大学生,在酒店里面受很多的约束,每天干那么多体力活,有时还要"忍气吞声",的确挺磨练心境的,但是走过了,经历了,心境也就开阔许多,看待问题的角度会更切合实际。

前 厅 部

案例分析 1：该不该给免费？

张先生带着家人来到惠州出差办公，他选择 K 酒店入住两个月，酒店为张先生升级房间类型至行政楼层套房，房间的两名成年人可免费享用行政酒廊。

入住期间某一个晚上，张先生带了两个朋友来到酒廊，并要求服务员给其倒三杯白开水，服务员为其提供了白开水。其中一位女士来到酒廊的用餐区用餐，享用了食物。晚上到了接近 11 点结束营业的时候，服务员前往张先生所坐的区域预提醒客人营业时间，客人在服务员开口前点头示意，表示理解营业时间。根据酒店行政酒廊的规定，行政楼层的每个房间限制使用两名成年人，低于 12 岁的小孩子可以不收费，超过人数无论是否用餐来访时段都需要进行收费。张先生作为酒廊的常客先前有带朋友过来，并且签收了账单。当晚张先生和朋友离开酒廊的时候，酒廊服务生有告知张先生需要收取其中一位朋友的费用："张先生，我们这边房间限制使用两位客人，另外一个客人我们需要收取费用"。张先生听到之后，表示不理解，说："你们酒店是不是不准我带朋友上来，我朋友只要了一杯开水就需要收费，是不是不欢迎我的朋友，还不准我带朋友。"张先生此时情绪已经很激动，并且不希望酒店收取费用。同时张先生的朋友便说："刚才还敢赶我们走。"并且不断重复这句话。服务员及时向客人道歉。事后，客人向销售部投诉，经过反馈给上级，经理决定若客人带朋友上酒廊只喝水的话不收取费用。

【评析】

本案例中客人认为不应该因为用了白开水而向其收费，以及营业到点沟通问题引发了矛盾，并且导致客人投诉。但客人在了解酒店收费标准的情况下用餐并拒绝付费，不尊重酒店的规定，事后投诉。主要过错在客人，但服务员应注意对客沟通方式。

关于客人：

第一，服务生在对客服务的过程中严格执行酒店的规章制度和服务程序，这是对客人真正的负责。

第二，客人作为熟客，熟悉酒廊的收费和操作程序，用餐后表示拒绝付费是一种跑单、不尊重的态度。

第三，客人朋友表示"被赶走"的言论实属不实，对服务生进行污蔑并发脾气扬言投诉。

关于服务生：

第一，即使是常客，服务生也应该在客人进店时提醒客人，未用餐也需要收费。

第二，客人是酒店的VIP，在客人情绪激动的情况下应适当客人的情绪，采取措施弥补安抚客人，尽量避免客人投诉的发生。

另外，就本案例的情况而言，酒店适当免去客人费用是合理的。客人花费大量金钱选择入住酒店两个月，是对酒店的肯定和支持。本着"顾客是上帝"，酒店也应尽量满足客人的需求。

案例分析2：红酒的供应

高先生是K酒店的常住客人，其公司与酒店有长期合作。高先生通常选择酒店的行政楼层入住，本次客人先入住一晚，翌日，带着他的妻子入住酒店。

高先生为酒店的常住客，也经常到行政酒廊饮用洋酒、红酒。入住期间的一个晚上，高先生来到酒廊，询问有无红酒提供，由于酒廊红酒的提供时间段是在欢乐时光，即6:30—9:30，但高先生来到酒廊时间已是十点钟，因此服务员委婉拒绝为其提供红酒。于是客人饮用其他该时段提供的软饮。第二天晚上，客人的妻子于9:50来到酒廊，要求服务生为她提供红酒，服务生表明供应时间段已经结束，客人的妻子选择饮用其他时间段提供的软饮。高先生到酒廊以后，其太太询问他是否有红酒，高先生坚持酒廊是有红酒提供并且其昨晚有在九点半后的时间段饮用了红酒。于是服务生与客人解释酒廊供应时间段。客人表示很难理解同时对服务生拒绝客人的行为表示愤怒，客人的妻子要求与酒店值班经理交涉。服务生通知值班经理并告知事件始终。鉴于客人为住店VIP客人，值班经理向客人道歉，并为客人提供红酒。客人表示不会追究。

【评析】

本案例中由于客人坚持在非提供红酒的时段饮用红酒。客人作为酒店的VIP，服务生在接待过程中处理事情不够圆滑，但是客人在一定程度上硬性要求，服务生也是坚守酒店的服务规定章程。因此，双方在此次事件中都有责任。

关于客人：

客人强制要求供应红酒的行为并不合理，客人碍于面子否认酒廊的规定，坚持昨日自己有饮用红酒也是不尊重服务生的行为。

关于服务生：

第一，服务生在接待过程中应考虑客人是 VIP 身份的因素，在接待过程中遇到不明确是否可以应允的要求应先请客人稍等后，请示上级值班经理。

第二，酒店方理应在酒廊明示酒廊开放时间以及各个时间段的供应时间，以提醒客人。

另外，就本案例的情况而言，酒店在接待 VIP 方面确实需要注意多方面的情况，客人有时投诉是需要给客人相应的折扣或者给客人提供礼品之类的补偿，在面客过程中也要注意自己服务态度以及提高处事的技能。但是若客人有过分的甚至有违法犯罪嫌疑的要求时，酒店也可以不予以理会，并视情况上报公安机关部门。

案例分析 3：空调究竟开了吗

惠州某五星级酒店客房使用的是中央空调，负责中央空调开关控制的是工程部。盛夏六月的一天，下午一点钟该酒店的总机小林陆续接到十几个客人从房内打来电话反映说房内的空调一点凉风都没有，小林按照往常跟客人们解释如何调空调至制冷状态，客人说还是没有任何反应，随后小林就和客人说："我们会立刻安排同事过去查看"。小林挂电话之后立刻查系统看到这些客人都是一个刚办理入住的公司团队，若要开空调是需要让值班经理通知工程部的，接着小林就致电值班经理让工程部开中央空调。

过了半小时同样的房间客人又来电生气地说"房间跟桑拿房一样闷热也没有服务员过去查看空调"，小林立即道歉并解释说中央空调刚开启是需要稍等一会儿才会凉爽的。接着小林打电话问工程部是否已开空调，工程部说开了。将近三点这批客人又来电非常生气说空调还是不行，小林立即道歉并说会立刻安排同事去查看是否是空调出现问题。随后小林通知客房部同事去进行查看，不久客房部同事回电说不是空调出问题而是根本没开空调。小林感到非常惊讶，然后致电工程部询问："师傅您好，请问一个小时前通知的某栋某层的客房的空调开了吗？"该师傅敷衍地回："开了开了。"小林质问道："可是刚才客人已经投诉了而且客房部同事都说根本没有开这是怎么一回事呢？"师傅大声说："现在开现在就开，老是催催催，烦不烦！"说完就挂了电话。小林随即将情况报告给值班经理，一点进房间的客人终于在下午三点享受到空调。

当天工程部发出邮件说明今后若入住率不高中央空调将只会在固定时间段开启，其余时间将关闭。因此凌晨工程部关闭空调，很多客人被热醒，上夜班的总机接到不少投诉电话。

【评析】

1. 小林在第一次接到客人电话的时候不应和客人说会派人查看，而应说："酒店是中央空调设计，我立刻向同事确认空调是否已开启，稍后给您回电。"

2.在客人第二次来电时,已经过了半小时,中央空调的制冷应该已正常,而小林并没有发现异常,此时应安抚客人并派客房部同事查看并将情况上报给值班经理。

3.为了控制成本,工程部固定开启关闭中央空调的时间段,但是此做法极易引起客人的不满和投诉,一旦投诉多了,就不仅仅是服务补救就解决的,同时会损坏酒店的形象和降低酒店的好评,这并不是一项对今后酒店的发展有好的影响的措施。

4.服务业讲究"宾客是上帝",虽然该说法是依情况而定,但以上情况很明显工程部并没有将宾客的需要放到第一位去考虑,可见该部门员工的服务意识很弱,应加强培训增强他们的服务理念。

5.无论是酒店还是其他公司,员工之间的和谐共处都能够带来强大的企业凝聚力,团结是一个团队勇往直前的动力。从工程部师傅和小林的对话可看出,该师傅脾气及性格不和善,对同事并不友好,也不尊重其他同事的工作,这对于酒店的发展并非好事。

6.团队客人是有可能成为酒店的长期合作对象的,应该得到重视,若在客人办理入住手续的时候前台将相关房号通知工程部,在客人一进入到房间就能享受到空调,或许就不会出现上述情况。酒店应从长远利益考虑,不应只看眼前而一味控制成本。

案例分析4：明星的特权

某明星全价入住惠州某度假酒店最高级别房间五天,入住当天值班经理就给总机提醒若接到她的电话要注意服务。第一天总机的小李接到该明星从房内打来的电话说要十支矿泉水,小李语气略显激动地说:"好的,稍后让同事给您送过去。"该酒店添加矿泉水的规定是:加两支是免费的,多于两支的数量是要收费的,收费标准是一支十元。总机接到要加多支矿泉水的电话是要将该标准与客人说清楚的。小李随后致电客房部小王通知他明星要十支水,小王问:"你有告诉她加那么多支水是要收钱的吗?"小李回答:"接到明星的电话激动地忘记说了,你们送过去的时候顺便和她说也行的吧。"小王说:"嗯,好吧。"

第二天明星再次来电话说要十支水,小李这次将收费标准告知她,可是她却说:"不对,我不是要收费的矿泉水,我要的还是昨天那种免费的水。"小李应允下来之后致电小王询问道:"明星今天还要十支水,她说要免费的,你们昨天送过去之后没有向她收费吗?"小王说:"昨天我问过我们老大,老大同意给她免费送十支水,今天我再问一下是不是还免费,等下给你回电。"一分钟后小王来电和小李说:"我们老大说了,今天也免费给明星矿泉水。接下来她住房期间要水都不收钱。"小李说:"好,我知道了。"本来在该酒店只有最高级别的会员才可以享受到免费加无数支矿泉水的特权,该明星不是会员也享受到了同等待遇。

【评析】

1.作为酒店总机员工,小李无论什么时候什么情况都应该保持专业的服务态度和服务质量,而不应该发现是明星的来电就失态激动,甚至忘记酒店的基本产品知识,应对其多加培训。

2.当小李意识到自己没将送水的收费标准告知明星客人的时候,应该亡羊补牢回电跟客人说清楚,而不应推卸责任给客房部同事。

3.总机和客房部缺乏该有的信息交流,第一天客房部答应免费给明星送矿泉水之后应将该信息告知总机,或者总机的小李要去咨询事情的后续发展,这样小李就不会在第二天明星再要水的时候出现失误。两个部门应加强交流沟通。

4.明星虽不是酒店的会员,但是享有特殊待遇,这样可以给明星留下好印象或许能够让其成为回头客,或许还能利用明星的影响力带动酒店的人气和知名度。若在入住的时候上司就将其能够享受待遇的标准传达给各个基层单位的同事,就能在为其提供服务的过程中减少失误,使整个服务更加完美。

5.在不违反酒店 SOP 的范围内,给特殊的客人以特殊的待遇,能使其获得物超所值的满意,也能给酒店带来潜在的利益,因此提供服务不能太死板,要灵活应对各种情况。

案例分析 5:迟到的儿童浴袍

某个星期日,酒店住房率较高,一位带着小孩入住的客人致电总机要一件儿童浴袍,因儿童浴袍的数量比较有限,客服人员 Joey 便告诉客人须帮她问问还有没有儿童浴袍。挂断电话后,Joey 致电客房部问是否还有儿童浴袍,客房部回复有,但正在清洗当中,大概一小时后才有,Joey 委婉告知客人需要等一个小时才能给她送去,客人欣然接受。但一小时后 Joey 询问是否有给该客人送去浴袍时,客房部工作人员回复还需一小时才能送去,于是 Joey 便又转告客人还需等一小时,这时客人已有不悦,但还是接受了。期间 Joey 亦有催促客房部尽快给客人送去。

一个多小时后,客人致电总机,非常生气地说要了那么久的儿童浴袍几个小时过去了还没有送去,客人语气十分愤怒,并扬言要投诉 Joey,Joey 很无奈,只好找来大堂经理,将情况告知大堂经理。大堂经理了解情况后便亲自去向客人解释,让客房部加快速度把儿童浴袍给客人送去,并跟客人赔礼道歉,请求客人的原谅。客人情绪得到安抚,没再说要投诉的事情。

【评析】

本案例讲述的是因没有给到客人及时的服务并让客人久等而引起的投诉。首先,客人所需要的物品是免费可加入客房的物品,客房部应考虑住房率问题而保持一定的储备物品可提供给客人,并及时解决客人所需。案例中客房部没有及时给客人送去儿童浴袍,并要客人等待一小时之久已给客人带来了不好的入住体验。在客人等了近一小时后,仍未拿到需要的浴袍,Joey 应先安抚好客人,并将情况告知大堂经理,由大堂经理跟客房部沟通,客房部尽快清洗好儿童浴袍给客人送去,便可避免后续事情发展的严重性。入住酒店的客人是酒店宣传的主要介质,只要客人入住酒店后得到高效率且质量好的服务,便有可能向亲友介绍酒店,一传十,十传百,酒店赚了好的口碑,自然会为酒店带来更多的客人,达到一个很好的宣传效果。案例中对客人有所怠慢的服务显然已经令客人对酒店有了很不好的印象,这点亦有可能为酒店带来不好的影响。既然已经造成了客人的不满,则应想办法补救,Joey 在解决不了事情的时候只能通知有更高权限的大堂经理解决,大堂经理及时进行服务补救。客人得到大堂经理的亲自安抚并赔礼道歉,心里得到安慰,便能降低该事情给酒店带来的不好影响。

总结下来,服务要高效率,及时做好,便不会有后续事情的发生,更不会牵扯出更多的人力物力,真正做到省时省事,提升客人的满意程度。

案例分析6:客房内竟有蛇

某日,一客房客人入住后发现房内竟有一条蛇!客人立刻致电总机寻求解决方案。酒店本是度假型酒店,偶尔就会有房间有蛇出现的现象,意识到事情的严重性,客服人员立刻通知了杀虫师傅和保安部同事去抓蛇,并将事情告知大堂经理。事后大堂经理通知前台给客人换了另外一间房,但不幸的是,刚入住的房间不巧也出现了问题,不能正常使用,客人虽然性格很好,遇到这样的事情语气也不免有些无奈。客服人员了解事情后通知工程部同事去修,但不能在短时间内修好,客服人员只好再一次将客人的遭遇告知大堂经理,大堂经理为了表示对客人的歉意,特地为客人免费升级,入住酒店的独栋别墅,并细心地为客人安排入住。

第二天,客人询问是否可帮忙热带去的剩菜,原本酒店是不帮客人热剩菜的,考虑到是这位客人,工作人员通知大堂经理,大堂经理了解情况后便答应了客人,工作人员在让客人签了食品安全保证书后,就帮客人热好了剩菜送去别墅。尽管过程有些麻烦,还是尽可能帮助客人做到了。

【评析】

案例中从房间里有蛇到房间里空调不能正常运作,都让远道而来度假的客人承受了一定的打击,而帮助客人解决困难是刻不容缓的,工作人员在工作处理过程中有条不紊,尽可能快地帮客人解决了问题。大堂经理帮客人免费升级到别墅入住,也在一定程度上安抚了受到惊吓的客人,弥补了客人心理上的不平衡。另外,不管是工作人员还是大堂经理,都非常细心地关注客人的动态,在客人需要服务时,细致周到地帮助客人解决,令客人感受到酒店对其的用心,在热剩菜过程中让客人在食品安全保障书签名的同时也保障了酒店的声誉。

同时,在这一系列房间有蛇,空调不能正常运行的差错中,酒店应该要意识到,在让客人有了不好的入住体验时,不应该只关注在服务补救上,还要着重检查并完善客房的设施设备,例如出现了蛇,要定时安排周边杀虫处理,令杀虫师傅在值班时候注重检查客房周围环境,关于空调等问题则应在客人入住房间前仔细检查客房内各种设施设备是否运作正常,如有不正常的设备应尽快报修,如不能在客人入住前修好,就应帮客人安排其他完好的房间,这样才能尽量避免其他入住客人遭遇同样的状况,从根本上解决问题。

案例分析7：蛋糕去哪了

一位女士和她的丈夫以及五六岁大的孩子一起抵达惠州市内某酒店,这时正值周末白天入住高峰时段,前台员工小赖热情地接待了这位女士并为其办理入住手续,客人要寄存自带的蛋糕,小赖问后得知原来今天是其孩子的生日并答应客人会送一磅蛋糕表示祝贺。

到了晚上九点多,小米接到总机的通知把寄存的蛋糕送到客人房间,这时客人表示酒店赠送的一磅蛋糕也可以送过来了,小米回到大堂与部门内其他同事、总机前台饼房同事联系确认,而同事们纷纷表示并不清楚,根据酒店规定确实是要赠送这一磅蛋糕的,而饼房同事说就算现在立刻下单也得耗费两三个钟才能完成蛋糕。前台同事在部门微信群问询后得知原来是小赖答应了客人却在忙碌中却忘记将赠送蛋糕的信息录入也没有通知贴身管家下蛋糕单。当然有考虑到客人得知没有蛋糕后可能会不满投诉而酒店也可能因此失去客人,但小米还是决定立即联系在催促中的客人,在一番诚恳的解释并致歉后,客人非但没有生气反而觉得小事一件不用在意。

第一,在此案例中确实是因为员工小赖的一时疏忽增加了其他同事在后续工作的工作量也由此产生客人投诉的可能性,虽说是入住办理高峰时期情有可原,但是还是要在工作中更加的细心谨慎,或者可以在一张白纸上迅速写些备注以免忘记重要的事情。

第二,在服务过程中,谁都会难免有些小过失,在处理这些事情时不应推脱全部责任到某一位员工身上分清责任过失而是要以工作专业的要求出发、从酒店整体角度考虑看待去处理解决问题,而且同事之间本应就互助。

第三,在工作时,同部门、不同部门之间的事情要交接好,沟通交流互相理解非常重要,这极大地影响到服务质量、工作效率以及客人对该酒店的整体印象和信任满意度。在被服务过程中一件很细节的事情都能体现出连贯与否,是在短时间内就能连续自然完成还是耗费相当长时间不仅让客人等待还需要三番五次确认内容。

第四，能成功避免投诉主要还是因为此次案例中的客人是比较大度不计较类型的，酒店行业接待的是形形色色的客人，多数时候就算客人提出多无礼的要求作为员工都是要不放弃客人是上帝的服务理念的。为了尽量减少客人投诉，除了要求自身在工作中避免基础错误，还要做到在处理类似于投诉这样的突发状况时能够冷静思考判断，安抚好客人情绪以免客人流失。

案例分析8：由于水温所引发的

惠州市某酒店某日接待了一批由几个家庭组成的客人，客人基本上都带有小孩，还算年轻的家庭组成。礼宾员小西带领这批还算年轻的客人到达房间，随后又和另外两位同事用行李车把三车行李送过去，在卸行李过程中，一位女士说浴缸的水怎么都不热，于是小西去看了看情况但也不知道怎么回事，赶着搬行李的小西对此状况也没太放在心上，只是对该女士说可以稍微等一下如果还是不行就拨打客服中心。到了傍晚，在大堂值班的小西听到对面前台很大动静的持续吵闹，原来是客人在投诉说怎么可以把设施有问题的房间提供给客人使用而且一个小问题再三反馈给酒店员工却等上好几个小时都得不到解决。客人非常生气，随后一位男士也加入了这停不下来的争执当中，他表示该酒店品牌是国际大牌是应该值得信任的，不应该连这点小问题都处理不好，按照客人的叙述该女士是不止向小西这一位员工反映过问题的，明明是工程部同事去看看情况或者直接换房就可以解决的问题，但是该问题没被重视的时间太久，最后是值班经理以全部升级至别墅、送果盘并且亲自接送的待遇才挽留住了客人。

第一，员工小西对于存在问题的忽略很大程度上导致了这一状况的发生，作为一名酒店员工，如果每次在接待客人的过程中都可以做到对于客人的言语行为有所留心，察觉到客人明显或不明显的细节需求。在此次案例中小西不该一心只想完成自己工作抱着侥幸心理忽略了客人的需求。

第二，整个酒店的效率太低，每一位员工都应该在接到客人需求后立即做出反应为客人分忧解难，以最快的速度了解问题解决问题，酒店员工的对客主动性有待提高。

第三，将设施有问题的客房提供给客人使用属于客观情况，而客人很大程度上也是因为等待解决问题的时间过久，觉得不受重视，由于是几家人抱着出游度假过个周末什么的心情，现在难免会非常的生气从而对所信任的这个酒店品牌感到心灰意冷、失望。

第四，该酒店为了挽回该客人确实下了不少功夫，诚恳聆听安抚客人并为其安排很好的补偿待遇。但是如果每次都是在收到客人投诉才认真聆听客人说的话才细心观察客人的举动的话未免太迟也太耗费成本了。可以说在本次案例中酒店付出的代价成本还是较高的,这次客人是挽留回来了,但是同样或者类似的投诉情况还是继续发生,酒店还是应该要尽量避免类似情况的发生并考虑长期的高代价高成本是否存在等效可替代方式。

案例分析 9：物品转交的细节

某酒店前厅礼宾部经常会收到转交物,而接收转交物的过程虽然简单,但是得细心,不能出现一丝差错,不然可能会导致交接错误,使顾客的物品不能准时收到,或者出现转接错误的情况等等。

一天下午,酒店门前突然来了客人,说有物品要转交给某位客人,当礼宾部的行李员去接收的时候,问了客人要转交给谁,是谁要转交这件物品。客人说出了接收人的名称时,这位行李员却并不认识此人,并且接收人的名字也没听清楚,只听了个模糊大概,就把转交物拿回了礼宾部,这位行李员以为自己的主管应该知道这件事情。并且这位行李员对物品转交这方面并不是很懂,不知道怎么操作。当主管问起时,这位行李员却不能说出个所以然,接收人的名字不清楚,只知道一个姓氏,转交人的名字、电话也不知道,只知道是哪个公司的,直接导致了物品的来源和去处成了一个谜。

在这种联系不上客人的情况下,主管根据接收人的姓氏,转交物品和转交人所在的公司,判断出了一个大概,把范围缩小,因为这些转交物的接收对象一般就那几个人,然后通过那些常住客和公司的信息,经过很长一段时间的信息确认才最终查出接收人和转交人是谁。

【评析】

这个事情说明了该行李员在接收转接物时没能正确的按照酒店的标准服务流程来,并且不懂得怎么处理在不知道接收人是谁的情况下的事情。酒店物品转交服务的目的就是给客人更好的服务,给予客人方便。但是这项服务的前提是我们得保证客人物品的安全性并能及时准确地到达接收人的手中。如果客人的转交物品出了问题,会使得客人投诉我们得酒店,让我们的酒店在客源和经济上受到一个很大的损失。

造成这种问题的出现主要是因为行李员的失误：

1. 在接到转交物时必须要搞清楚接收人是谁,他的名字是什么,如果不认识这个人,要让转交的客人把接收人的名字和电话写下来,并且确认该接收人是否住店,如果不住店,询问转交的客人,接收人什么时候来拿,需不需要打电话通知,然后把转交人的名字和电话一起记下来,并让客人填一份物品转交的表格。

2. 在不清楚怎么完成物品转交的情况下,该行李员应该先请转交的客人暂留一会儿,然后去请求主管或者领班来帮忙处理,而不能在什么都不清楚的情况下把转交物拿回来,或者把转交人的姓名和电话记下来,然后把转交物拿回来,让领班或者主管跟客人打电话了解情况。

3. 该行李员犯了一个很严重的思维错误,那就是我以为,在工作上一定不能存在我以为的思想,一定要搞清楚事情的情况才能去做,特别是跟客人的利益有关的情况下,不然会造成酒店很大的一个损失。

不过,在这件事上,礼宾部主管能够快速的缩小客人范围,根据经验和一些指示很快地联系上该交接此物的客人,把这次的问题解决掉,很值得称赞。

案例分析 10:小部门之间的团结与合作

某酒店前厅部夜班安排是前台一人,礼宾部一人,总机凌晨 2:00 下班后把电话转给礼宾部,让礼宾部来处理接下来的宾客需求,然后是一位值班经理。

一天晚上来了几位客人入住,在客人办理好入住后打电话下来跟前台说帮忙开房门,忘拿房卡了,反反复复打了好几次电话给前台,一直在跟前台交流。后来隔了一段时间又给礼宾部打电话说上去拿房卡,在行李员询问前台怎么回事时,前台的却很不耐烦地说:"你上去拿下来吧"。而之前前台那位同事的态度一直很不好,让别人帮忙还理直气壮,不搭理人,不知道感谢,并且让别人帮忙时,她自己还显得不耐烦,不想多跟人交流一句。而且,每当那位行李员向她询问工作问题时,她总是不耐烦,不理人,让那位行李员心里很不舒服,也不想再多跟她交流。以至于,该行李员也没有再说什么,想着你让我拿我就去拿,既然你不想多说,那说明你知道这件事情了。当该行李员上去拿房卡时,客人对该行李员说:"这间房不要了"!该行李员拿着房卡就下来交给了前台,什么也没说就走开了。

第二天早上客人下来退房时,前台入账入的是两间房的账,在向客人收钱时,客人很生气地说:"我昨晚已经跟你们说一间房不要了,只要一间房,为什么收我两间房的钱?"客人拒绝付另外一间房的价钱,并且非常生气,直接走了! 在值班经理和前厅经理了解到情况时才发现,是前台和礼宾部的交接出现了问题,行李员没有把客人说取消一间房的预订的信息转述给前台,而前台并不了解情况,导致入账出了问题。

【评析】

这次前台入账出现问题的主要原因就是前台和礼宾部之间的工作交流有很大问题。部门之间没有实现很好的合作与交流。并且部门之间在合作上不懂得尊重,我行我素,工作上感情用事,没有考虑会带来什么后果。

1. 部门之间的交流很重要,前台的态度的确有很大的问题,造成了部门之间的交流障碍。部门之间的帮助要懂得感谢,合作时要懂得最起码的尊重。前台的同事不应该对行李员爱理不理,不耐烦的样子,交接工作时更应该细心,并且应该对于别人给你的帮助表示感谢。

2. 该行李员也不应该感情用事,特别是在工作上,虽然前台同事的态度很不好,但是,问题交接上还是要交代清楚,把问题说明白,如果前台同事再不听,那就是她的问题了。工作是工作,不能把个人感情带入工作当中,不然会因为一个交接的错误,导致很大的问题出现。

3. 既然前台那位同事的态度一直很不好,该行李员就应该学会习惯去接收,不应该还让她来影响到自己,学会控制自己的情绪。可以私下地跟她多交流交流,把这些问题解决掉,或者通过经理来解决这个问题,不能让这种问题一直困扰自己,影响工作。

4. 酒店内部要多注重各部门之间的交流,加强部门之间的团结与合作,多锻炼员工的团结与合作意识。

案例分析11:技术失误

一个人的中班(15点到晚上24点)真的是好忙,虽然到了晚上六七点就没有几间Arrive(入住)了,但是杂七杂八好多事情。大概晚上九点钟接到总机的电话,因为总机也是一个人上中班,总机同事要去上洗手间,所以把电话转到前台一下。转出的一会时间我接到一个客房电话说要点房间送餐。因为是前台所以我不太清楚房间送餐的菜单。但是我们总机不上夜班,所以我上夜班还是有接到客服的。尽管不是很清楚菜单,我也有所了解,房间菜单是有很多东西,但是大部分厨师嫌麻烦都不做,我们的点餐据我上夜班了解只有炒河粉、云吞面、白粥、汉堡之类比较常见的。所当客人打电话给我说要点某某菜的时候,因为那个菜我都没听过,并且听起来就很复杂的名字,所以我就不太确定我们会有这道菜,所以我回复客人我先打电话问下送餐部,稍后给他回电话。客人同意,并且告诉我让我回电话的时候记得打他手机,因为他的小孩在睡觉。挂完电话我就打给送餐部问他有没有这道菜,他的回答是还要问下厨师,因为他不确定,说稍后回我电话。但是这时候来了几个客人,我就一直在处理这几个客人的事情,没有时间去做这件事。在这期间我有打电话给总机,但是总机的人还没把电话给转回去。所以我只能一个人去做。等到我处理完前台的几个客人之后,在给送餐部打电话,他告诉我没有这道菜。所以我赶紧回电话给客人,打的是他手机,这时候大概是40分钟后,本来他就因为我回电话太晚生气了,然后我又告知他没有这道菜,他就更生气。他说要找大堂副理投诉。我就把这件事告诉了大副。但是自己却忘了把最重要的不能打房间电话这件事告诉他。真的是雪上加霜。客人更生气了。大堂副理把这件事告诉餐饮总监。餐饮总监让送餐部厨师做了这道菜给客人。还由于自己服务延迟以及沟通传达不完整让客人投诉。就给客人免了服务费。

【评析】

本案例中客人投诉有以下几个原因：

1. 回复客人电话太不及时。其实这件事我知道了不能一个人单干，在给前面的人办入住的时候我也一直想着那个点餐的，但是总机一直没把电话转回去，我就没再求助其他人了。其实这时候我也可以给大副打电话让他帮处理客房点餐的事情，或者礼宾部，或者打总机的移动电话。但是当时自己都没想到。

2. 没能按照客人要求打他的手机，而是打了房间电话，打扰了他小孩休息。还有就是自己传达信息的时候一定得把所有信息都传达出去，不能有所遗漏。

3. 客房内菜单上有的菜品厨房却不做。餐饮部没有很好的做好自己本职工作，既然房间内点餐牌上有的菜，就必须要有，不能因为怕麻烦就不做这些菜了。还有就是房间送餐是 24 小时的，如果有的菜是点的比较少的，你可以在菜单上注明点菜时间或者每周哪天有哪些菜式。

案例分析 12：Too busy to remember（忙到忘记）

实习最后差点让客人跑单 1000 多人民币，真是分分钟被吓死。事情是这样的，前一天一位订房的客人过来定了 5 间房，但是他并不住在这里，只是过来付这五间房的房费，但是因为他定的房间是不含早餐的，所以他又买了 9 个大人和 3 个儿童早餐，我办理的 check in 入住，所以把房费以及早餐费用全都刷卡刷了消费，我们这里的习惯就是刷完消费必须把他录入到系统里，其实在前台买早餐我是第一次操作，客人一般都是在去吃早餐时在西餐厅买的，所以我就问主管这个早餐费用我是不是应该把他输入到系统里。他就告诉我第二天上早班的时候在弄，因为刚好也是我上早班。但是到了第二天过来我就一直忙退房，根本顾不上这件事，所以就忽略了，但是我有留通知说这个房间客人退房，让他 call 我，所以等客人退房我就过去了。去了之后我发现那位帮他退房的同时完成了他的消费，这时候我心里想的是客人已经付了早餐费用，怎么还要完成他的预授权。我忽略了他会在酒店有其他消费比如晚餐的费用之类的。所以我让那位同事把他的预授权完成又撤销掉了。客人走了之后我看到他住房登记表上那些消费小单，才意识到刚刚同事刷的根本不是他早餐的费用，而是他的其他消费。然后我马上打电话给客人看他愿不愿意回来重新刷卡。他同意了。其实不用这么复杂。主管帮我重新找到他的预授权从新完成了他的消费。这才没有让自己赔钱。

【评析】

本案例主要是自己经验不足导致的。在前台的这六个月中，我发现真的是很多东西都是只有碰到之后才懂，碰到犯了错误之后才懂该怎么做。

以后再碰到这种事情：1. 首先刷的银联卡消费一定要录入到系统里。

2. 在办理入住时一定要收取足够的客人押金，并且信用卡预授权在你完成消费再次撤销之后，还能再重新找到原来的预授权重新完成。（但是时间不能隔太久）

3. 遇到自己没有遇到过的情况，一定要理清楚，不能按自己想象的情况来，再帮客人退房时要看清楚他的消费及其在酒店的其他消费，并且搞清楚结完帐再让客人走。

4. 因为入账如果过完夜审第二天就要扣减，所以早餐费用没录入进去是对的，但是第二天早班一定要及时把他入进去。

案例分析 13：主动服务

有一对香港母子来惠州旅游，下午来到行政酒廊之后，我询问他们房号之后就让他们进去了。儿子姓罗，故且先叫他罗先生。他们点了一份下午茶，我告知他下午茶制作需要时间，他表示可以等。我就打电话给送餐部的同事，让他们帮忙送一份上来，结果他们说这不是他们的职责范围，不送，态度十分坚决。无奈，我只好打电话给销售总经理，跟他说明这件事情，希望他能够让送餐部的同事帮忙送，因为那个时候客人已经等得有点久了。销售总经理说他会让送餐部的同事送上来，但是还是要点时间，所以在等的这段时间内，我就跟这对香港母子聊了起来，问及他们来惠州的行程，得知他们还没有安排，我就给他们推荐了几个著名的景点还有餐厅，如果他们需要的话，可以帮他们订车和订位。后来下午茶送上来了，还跟他们说了句：不好意思，久等了。

而在后面的谈话里得知，他们明天五点左右要到某酒店搭班车回香港。因为我们酒店附近的的士比较难等，为了避免误点，我主动向他提出可以帮他预约的士，他说好并表示感谢。尽管后来他们因为在我们酒店买到的粽子货不对版，但是他在问卷调查上也给了我们 9 分（满分 10 分），还点名表扬了我跟另一位同事。

【评析】

这个案例中，因为客人是香港人，他们大部分人都比较觉得什么事都要以快为主，而那天因为其他部门同事不肯帮忙送下午茶，我没有办法解决，只好找销售总经理帮忙解决。其实一般时候都是等酒廊中班的同事开完交班会再送上来的，因为客人的特殊性，只好找经理帮忙。我为了不让他们觉得时间过得很慢，要等很久，我主动过去跟他们聊天来分散他们的注意力，在下午茶送到的时候也向他们致歉。大部分来惠州的客人都是旅游或者出差，他们来的时候正好是香港佛诞假日，所以我判断他们是来旅游的，我给他们简单地介绍了一下惠州，然后推荐了一些特别的旅游景点和惠州比较著名的餐厅给他们。考虑到我们酒店的的士比较难等，如果因为这个而导致客人错过班车，客人的行程会大受影响,所以提前让礼宾部的同事先帮他们叫的士。后来客人要的粽子跟拿到手上的不一样,如果他因为这件事要起诉酒店也是可以的。但是他没有这么做,而且他在评价上有提到的,我们酒店的员工对他和他的母亲都十分的照顾,所以他也没有这么做。后面收到的评价主要是说我们的服务好,比较主动的服务。所以对客人的服务很好,做地很全面的时候,即使到后面出现一些不太尽如人意的地方,客人也不会太过于计较这些小问题。

案例分析14:道歉

有个高要求的 VIP 要求我们第二天给他调一支他喜欢喝的威士忌,我的同事答应他了。我提前留了一个交班给第二天上早班的同事让她调拨,等到我上班的时候,发现她没有调拨到,这时候我就有点焦急了。我的同事还告诉我因为与其他同事没有沟通好,让那个高要求的客人很生气。我想如果我调拨不到那瓶威士忌,他绝对会投诉。所以我打电话跟大堂吧借,但是对方一直说晚点给我回复又跟我说他们好像没有这瓶酒,我一直跟他强调这是很重要的客人,他们才说再去看一下再答复。

在等回复的过程中,我一直十分焦急,没发现自己一直板着脸,因为这个也没有心思再去给其他客人做服务。虽然后来酒调到了,但是这个时候有其他客人注意到我,第二天早上的时候还跟我的同事说我昨天很凶,一直板着脸,还问我叫什么名字。后来我的同事把这个客人说的告诉我了,同事也跟客人致歉和解释了。可是我觉得这件事很严重,由我自己跟客人道歉会比较有诚意,所以就跟我同事要了那位客人的邮箱,发了一封道歉信给他。最后,客人表示理解。

【评析】

在这个案例中一共避免了两个投诉。第一个是高要求的客人因为下午茶生气而之前又答应给他调酒的要求,最后通过一直跟大堂吧的沟通,终于从“没有”到“有”,成功的借到这瓶酒。客人最后知道我们是特意为他准备的而非常高兴。而且,对于之前同事因为沟通出现问题的原因跟客人解释了一遍之后,还道歉了,客人虽然还是有点不舒服,但也表示接受我们的道歉。

但是在避免第一个投诉的过程中,却因为借不到酒的原因,把所有的情绪都表现出来,还有客人注意到了这点,特地提出来。虽然同事有帮忙解释了原因,但是客人有问到“名字”说明可能客人心里十分不舒服,有投诉的倾向。既然有错在先,就必须要自己主动认错,这样才让客人觉得有诚意。所以让同事找到客人的邮箱地址,自己写了一份道歉信给他。写信的时候写上了这件事的原因和诚挚的道歉,幸亏客人最后表示理解和接受我的道歉。所以不应该在工作中带上自己的情绪 ,这样会影响服务质量和客人的感受，严重的会导致投诉。而且我们也应该尽量在投诉出现之前扼杀了"苗头"。最后也是处理投诉最重要的一点就是"感同身受"，要理解客人为什么投诉，再用诚恳的态度道歉，或者再加以物质的补偿等等。

案例分析 15：信息传递错误

客人刘先生以及他太太是酒店的常客，这次入住使用了前台赠送的免费升级至行政楼层的升级券，客人在预定房间时曾询问使用升级券是否可以享受所有的行政楼层待遇，预订部的同事予以肯定的回答是可以的。而刘先生在去到前台进行办理入住手续时再次向前台主管进行二次确认，前台主管也跟客人保证是可以的。因行政楼层礼遇中有一项是市区十公里内可以享用酒店的单程礼宾车服务，刘先生当天下午就致电宾客关系部门要求安排出车去往惠州西湖。同事经过查询后发现使用升级券入住的客人是只可以入住行政楼层的房间而不享受行政楼层的其他待遇，但是由于前台同事已经事先答应客人是可以享受行政楼层待遇，因此宾客关系员 Alisa 回电刘先生可以安排出车，同时也向客人解释了因为这次是我们同事的失误导致传递了错误的信息给客人并向客人致歉，并解释原本升级礼券是不可以享受楼层待遇但是由于我们同事的出错，酒店这次还是可以给客人享受行政楼层的待遇并会马上安排车辆。刘先生一听十分地生气，说道"我订房的时候和办理入住的时候都问了两次了，是你们肯定确保我们用这个券是可以享用待遇我们才使用的，我们住过这么多次酒店都是住的你们行政楼层的房间，也不缺那点钱，况且这次入住用的升级券没有楼层待遇就直说我们也理解，我们也只是为了过来住一晚并不是一定需要你们的其他待遇，但你说话的语气搞得好像在施舍给我们什么一样"，说完便挂断电话并且也取消了酒店的用车。

【评析】

本案例问题的产生出现在酒店的员工传达了错误的信息给到客人以及员工在和客人解释时沟通技巧的失误，因此导致了投诉的产生。

一，作为客人预定住房最直接接触到的两个关键部门预订部和前台却对酒店的产品知识，客人所能享受的待遇不够熟识，在不了解详细的情况之下单方面地给予客人错误的信息，这会导致客人对酒店员工的能力和专业性产生质疑从而降低对酒店的信任值。

二，宾客关系员 Alisa 在发现问题后及时向客人解释情况致歉的同时这次入住也承诺给客人依然可以享受行政楼层待遇，本来这一处理是没有问题的，投诉的产生在于客人对我们同事的说话方式不能接受。作为直接对客且经常需要处理投诉，安抚客人的部门，宾客关系员应该掌握不同的沟通技巧，在面对不同的客人需要用不同的说话方式进行沟通。案例中的刘先生是酒店常客，通过以往接触了解到他是个实事求是的客人，更倾向于问题出现后直接说明情况也能体谅。因此从多方面了解客人,以及根据不同客人的性格进行沟通十分重要。

案例分析 16:投诉处理

郭先生是和朋友一起入住我们酒店的,第二天一早就过来前台要求找值班经理投诉,由于前一天晚上房间不知道什么缘故每隔一段时间便会钻出一阵噪音,一个晚上循环反复,导致客人无法入睡,客人还录下了噪音当场播放。由于一整晚无法入睡,客人的情绪显得十分暴躁,在前台敲桌子,声音十分之大,对前台的其他客人造成影响。前台同事 Elsie 见到客人情绪十分激动便将客人引导至大堂吧,为客人点了咖啡,首先稳定客人情绪。由于客人是香港客人,Elsie 便使用粤语和客人沟通,这使得客人倍感亲切,顿时冷静了下来,Elsie 见客人情绪已被安抚,便开始针对客人昨晚出现的情况进行道歉,并向客人提出更换且升级房型的补偿,以及给予客人可以使用行政酒廊的建议,郭先生听了之后还是针对昨晚发生的事跟 Elsie 不停地抱怨,显然是觉得 Elsie 提出的建议不够吸引。Elsie 突然想到郭先生是与其朋友一起入住的,便提出其朋友也可以享用行政酒廊的服务,郭先生听后便立即赞同了 Elsie 提出的补偿,同时也对 Elsie 的服务态度感到十分满意。而郭先生以及他的朋友去到行政酒廊,接到前台同事的通知后,酒廊当班的宾客关系员也对客人予以十分热情以及贴心的服务,郭先生十分开心,也在酒店的宾客满意率调查中对酒店前台以及行政酒廊的服务给予很高的评价。

【评析】

一,酒店接到客人投诉时要及时进行处理,将客人引导至一边,以免影响到酒店的其他客人从而影响到酒店的形象;细心耐心地倾听客人的抱怨,并设身处地站在客人的立场考虑问题,理解客人,有技巧地与客人沟通,安抚客人情绪;听完客人的投诉要及时向客人致歉并合理地给予客人所希望得到的补偿。案例中郭先生的朋友入住并无问题,但是酒店房间的问题的确给客人带来困扰,郭先生希望酒店的补救措施惠及其朋友虽然并不合理但却也并不十分过分,因此酒店是可以在条件允许的情况下为了安抚客人解决投诉而相应地灵活处理。

二,投诉对于酒店来说是一把双刃剑,投诉处理得当有利于酒店及时发现问题并且解决问题;解决客人投诉需要快准稳,做到及时处理,准确判断客人以及给出相应解决方式,这不仅可以解决客人的投诉,还可以让客人的入住感受更加深刻,也能增加客人对酒店的信任值以及忠诚度,促进酒店的发展。

案例分析 17：服务员与客人

我实习的单位，为了节约成本，购买了山寨版本的房卡。山寨的仿制品，虽然样子差不多，也可以开的了门，但是跟正品还是有一些区别的，本身问题也多，例如容易消磁，与房门锁不是很匹配。客人经常因此开不了门。这一天，我接到了总机的电话，告诉我1716房间开不了门，客人在七楼的电梯门口等。挂了电话后，我赶忙让前台做好1716的房卡，拿到了房卡，尽我最快的速度走上电梯。到了七楼，电梯门开了，我一走出电梯，那位房卡失效的客人果然在那里，我微笑的问候了他，但是他似乎很生气，开始指着我骂，虽然用的是粤语，但是我是听得懂的，他一直骂个不停，"什么效率啊，五星级酒店就这样的服务，出现这么多问题，浪费我那么多时间。"还有一大堆的脏话。无论我如何委婉地道歉，他还是一直不停口。最后我大声地说了一声，"请你尊重我！"？他停止了无素质的谩骂，似乎感觉到了羞愧，拿过我手中的房卡，顺利开了房门，并把门关上了。

我认为作为一个服务员，只要尽到了自己的职责，尽自己最大的能力，把工作做好，没有任何东西可以怪罪到你身上，何况是受到辱骂。对于上述的这种情况，我们没有理由默默承受，让自己的尊严受到践踏，服务员也有尊严，服务员不是下等人，一些客人目中无人，把酒店的设施问题怪罪到基层服务员的身上，甚至破口大骂，实在无素质。这种情况普遍存在，也说明了中国服务行业的不成熟，服务员的地位低下，认为服务员的服务理所应当，因为付过钱了。服务员尽心尽责为你服务，你应该心存感激，给予好的反馈。而对于酒店设施的不满意，认为自己的权益受损，应该保持理性，反映给酒店，并寻求管理层的处理，找到维护自己权益的正确武器。

我认为，与医生和病人之间的关系一样，服务员与客人之间也存在一些隔阂需要消除，而消除这样的隔阂的方法是相互尊重，互相理解，相互信任，懂得换位思考，保持理性与冷静，与人相处，处理事情，避免不必要的冲突，建立一个良好的双方关系。

案例分析 18：VIP 客人的 Farewell（告别）

夏日，酒店的在店客人中有好几个 VIP，而在礼宾部工作的我们，每天必须要做的工作之一，在操作系统中查询在店 VIP，并了解他们的信息，方便针对服务。我打开 OPERA（操作）系统，正在查询信息，总机打了电话过来，"2726房间要一部行李车。"接到消息，我首先点开 OPERA 的 In house guest（客人信息）栏目，查询2726，是白金卡李先生，早班听大堂副理说过，这位李先生是我们喜达屋的忠实住客，要注意服务。我拉了一辆行李车,朝着客人房间走去。

"咚,咚咚","你好,服务员。"我轻轻地敲了客人的房间门,并明示自己的身份。不一会,李先生开门了。

"你好,李先生,请问是需要行李服务吗?"我微笑的问候了他。

"是的,麻烦你了,进来吧。"李先生回道。

我进门,房间里放着好几件行李,我把它们搬上了行李车,李先生也帮忙了。观察了一下行李,并且询问了一下客人,确认没有易碎品,如果有易碎品的话应该挂起来或者让客人自带。

整理好了行李之后,便和客人一起出发到大堂。并且按照服务标准,询问客人对酒店的满意度以及建议。问候了客人下一站的地点,并询问是否需要帮助。

到了大堂,客人办 Check out,我把行李车推到一边。白金卡客人在离店的时候酒店都会赠送一份水果,我到办公室的冰箱内拿出装有水果的袋子,在客人办好 Check out 的时候给客人递过去,希望能提升他的酒店体验。客人去开车回来,我帮他把行李小心翼翼地放到后尾箱里,并最后感谢他对酒店的光顾,衷心欢迎他下次再来。

这是比较普通的礼宾部对于白金卡 VIP farewell(告别)的流程的一个案例。对于 VIP,喜来登酒店都非常的关注,因为这样的忠实顾客,对喜达屋集团非常的忠实,他们的意见也非常宝贵,如果评价好的话,酒店会受到集团的肯定,反之亦然。所以每当 VIP 来了的时候,酒店就很紧张。前厅部是最前线的部门,所以对此更是卯足了劲,对于 VIP 服务的培训也很多,在开会的时候都会强调 VIP,提醒我们注意服务。而我们礼宾部作为前线军,肯定要在这方面下功夫。了解 VIP 信息,增强自己的服务意识,严格遵循服务标准,为 VIP 客人提供更优质的服务,并且得到好的反馈,为酒店争取更高的评价。

案例分析 19:夜半别墅突发白蚁灾害

那一天是客人入住酒店的第二天,计划第三天早上离开酒店。由于别墅客人是业主公司高层的朋友,虽然他们只有母子三人(双胞胎小朋友,年龄 7 岁左右),但是酒店给他们安排了双卧别墅 9810。当晚 11:00 左右,当他们结束在温泉池的活动后,我送他们去其朋友的别墅 9806 聚会。在交代完工作,得到经理的允许后,我就下班了。

经过 11 小时的工作后,回到宿舍,我很快收拾好准备睡觉。突然接到了值班经理的电话,这时候我意识到肯定有问题发生。精神为之一振。"Diggle,睡了吗,你带的别墅客人怎么样,你和她熟吗?"当时我的内心是不安的,第一次被莫名奇妙的问问题。"挺好的。。。怎么了?","你现在可不可以过来一下,你带的别墅客人房间有白蚁,现在要换房,你过来安抚一下客人",经理用前所未有的客气的口气说道。"好的,我现在过去!"。在我赶到别墅门口的时候,经理和我简单交代了现状,我总结了一下:"客人半夜照看小孩的时候发现枕头边上有白蚁,打电话告知 GSC(总机),值班经理和客人协商后让客房部和我们的同事紧急打扫另外一间客房,现在需要我安抚客人,开车送客人换房"。

得知情况后,我进房询问客人的情况,多次表达我们酒店的歉意,并帮助客人收拾行李,检查遗漏。因为半夜别墅区气温较低,我提醒客人,可以裹上浴袍。在送客人换房途中,主动关心客人晚上的细节,表达歉意,并询问客人有什么需求,得知客人需要矿泉水。客人到房后,我得知房间收拾好了一间,但是没有做最后的"抹尘"。我向客人解释后,客人带着小朋友先到房间安顿。考虑到当时已经凌晨,我让客房部的同事为客人添加必要用品后,取消了噪音较大的"吸尘"工作,协助他们用抹布抹尘。当两间房间收拾好了之后,再次表达酒店的歉意,并送上一箱矿泉水,放置在客厅。客人很客气,对于深夜叫我回来工作表示抱歉,并对房间白蚁情况表示理解。

第二天,在经理的授权下,我给客人送去了果盘和红酒。客人高兴地退房了,并对我的工作表示肯定和感谢!

【评析】

本案例中别墅的保养出现了问题,责任在于酒店。由于打扰了客人的休息,值班经理做出换房的决定,并赠送果盘和红酒的行为都是正确的。

这个案例可以从三方面进行探讨:此情况的避免,值班经理的行为和管家的工作。

第一,此情况的避免。首先是别墅的检查保养不到位,别墅当时的白蚁灾害是相当严重的,这绝对不是突发的小情况,只要酒店及时检查别墅状况,是可以避免的。设施设备的维护检修,确实是洲际酒店的一大问题所在。其次,在与客房部员工沟通后,我得知客房部员工其实知道这两天大雨后放晴的天气必然导致北山别墅"白蚁成灾",而且客房部高层也知道。最后,其实管家下午或者晚上可以为客人再检查一次房间,避免同类事件再次发生。

第二,值班经理的行为。值班经理及时做出反应,为客人升级三卧别墅,请求管家到场安抚客人,亲自到场解决问题,事后送出赠品。我认为经理的行为体现出了他较强的业务能力,特别是让管家出现缓解客人情绪这个做法很犀利。但是不足的是,值班经理不应该因为客人好说话,就没有在事后亲自送赠品慰问客人。

第三,管家的工作。我作为一名管家,别墅出现这样的问题,其实难脱干系。今后在别墅的工作中,应该向经理提议,完善我们的工作流程。而我自认为较好的方面则是在处理客人的情绪上做得比较好,详细询问客人,表达歉意,询问需求。

案例分析 20：Double check in（双入住）

某日中午，已预定行政温泉房 5622 的客人王女士来到前台办理入住，由于客人是集团会员，所以由前台的宾客关系主任 Aily 为其办理了入住，但是由于当时是入住高峰期，客人一行人是自己去房间的。

突然总机的同事出来让 Aily 接听一个外线电话，直接说找她，自称是 5622 的客人，原来他们到了房间开门，却发现房间已经有人入住。Aily 马上查询 Opera（操作）系统，确认房间并未有客人入住。这时她马上接起电话，询问情况并表示抱歉，告诉客人她亲自带新房卡过去，请她稍后片刻。

我看到 Aily 回来的时候脸色不对，通知我一小时后准备一个果盘送到 5619，并注意服务态度。接着 Aily 开始查找系统更改记录，发现 5622 房间并没有操作记录，确实是王女士的预定信息。这就奇怪了，到底在住客人是如何进去 5622 的呢？

这时候另一位同事提醒查询房卡制作记录，发现昨晚夜班制作了房卡。电话联系了夜班同事，终于知道了事情的原委：原来当时有一间客房因为空调问题，维修未果，所以经值班经理同意，给客人免费升级到 5622 房间。由于当时系统正在过夜审（这时 Opera 系统无法使用，随便给客人排了一个房间）。由于夜班的同事没有和值班经理沟通好，导致第二天没有与早班交接，未在系统进行换房操作，也没有告知前台换房一事。

【评析】

本次事故的原因，可以从值班经理、夜班的同事，这两方面进行探讨。

第一，首先说值班经理的问题。值班经理当时直接给客人开了一间房间，应该要考虑到所换房间是否已经有预定信息。他可以在"夜审"结束后，对房间进行查看，然后将客人的房间信息转移到新的房间，这样第二天前台就算系统没有了王女士的预定信息，起码不会造成"Double check in"这么重大的事故。

第二，夜班同事对这次事故也有不可推卸的责任。虽然整个事情都是值班经理在操作，值班经理没有向他交代相关事宜。但是，夜班的同事应该知道，夜班的事情是必须向明天的前天早班做交接的。比如换房到哪里，原来的房间要向客房部报备。虽然夜班的同事这么做并不能保证下午不可能发生"Double check in"的事故，但是，这时候工作的失误，同时，房间交接后，前台可能会去检查房间，这样的事故还是有可能避免的。

反思与建议：这次事故完全是可以避免的。值班经理换房后不应草率了事，应该在系统查询换房信息，这时应该发现房间是有预定的。首先应该将预定带到同类型房间，并将夜晚换房客人的信息转移到新房间。并转告夜班同事，与前台同事交接。而夜班的同事就算没有值班经理的交代，也应该向前台上早班的同事交接，告诉换房的事宜，这样就能确保避免事故的发生。

案例分析 21：醉汉与乌龙

　　一个夜晚，某酒店入住了一对来自香港的情侣，这天晚上这对情侣在酒店西餐厅用餐到很晚，而且喝了喝多酒，两人貌似都醉了，男客人醉得比较厉害。时间来到晚上十一点钟，酒店到了夜班和中班的交班时间。值夜班的行李生德瑞克刚上班不久接到值班经理的指示：西餐厅有两位喝醉酒的客人需要行李生带回房间。接到指示的德瑞克马上到前台咨询是否知道在西餐厅醉酒的客人房间号，前台员工告知需要客人证件查询才能确定。此时德瑞克前往西餐厅了解客人情况，路上遇到西餐厅主管拿着客人的证件到前台查询房号，来到西餐厅的德瑞克准备搀扶客人回房间，问客人哪个房间，客人已经说不清楚，西餐厅主管也回来帮忙并告知前台查询后该客人是 9810 别墅客人，搀扶过程中发现该情侣已经吵架，经过大堂的时候该女客人不顾男友的劝说执意自己外出，在经理劝说无果下一个人先走出大堂往酒店出去方向去。经过商量和值班经理指示先把男客人带回房间，路过大堂德瑞克担心出错于是问了前台员工是否是 9810，得到肯定的回应后。在西餐主管和一位保安的帮助下，德瑞克驾驶电瓶车来到 9810 别墅门口，只见房间已经反锁，询问客人房间是否有其他人在，客人醉得也说不清楚。

　　德瑞克此时打电话咨询值班经理该房的住客名字，这边核对客人的证件名字，结果没有问题。于是开始按门铃，按了许久，终于里面住客出来了，是一家子人。看了一下喝醉的男客人，互相不认识的。此时已经晚上十二点多了，德瑞克连忙跟客人道歉并解释客人报错房号了。随后载着客人回到酒店大堂。此时的值班经理已经坐不住了，连忙查询电脑的入住登记资料，此时客人也慢慢醒来并告诉德瑞克他是住 5610。德瑞克跟值班经理确认后确定该客人住 5610。此时酒店大门口保安通知值班经理有位女客人哭着要出去，保安劝告她先回酒店收拾东西。于是德瑞克开电瓶车到门口接这个女客人回来，此女客人正是醉酒先生的女朋友。回到酒店大堂后，该对情侣还是吵架不停，在值班经理的调解下他们才先回到 5610 房间，就此告一段落。次日 9810 房的客人到前台进行投诉，值班经理为此解释事情经过后赠予红酒表示歉意，客人见酒店方态度较好就没再追究。

　　【评析】

　　本案例中由于酒店前台员工核对失误导致将醉酒客人带错房间，同时因为吵醒了夜深休息的在住客人导致客人的投诉，对酒店的影响是非常不好的，虽然醉酒的客人因对自己的房间号不确定负有一定的责任，但主要责任还是在酒店方。

　　第一，前台员工在查询住客在住信息的时候，在查询有疑惑的时候应该通知值班经理解决，不能擅自确定。应该严格按照酒店的操作程序对客人的信息进行核实，这是对客人真正的负责。

第二,酒店的信息应该简化步骤,避免信息传递多次导致的偏差。即使餐厅主管员工可以帮助前厅员工查询客人信息,但是当事主要负责人行李生应该主动通过客人证件跟前台确定客人信息。毕竟前台员工对酒店的信息管理系统相对熟悉,对前台员工的疑惑能够协同解决。

第三,酒店方面应该加强前台员工的培训,在客人入住信息输入时,不应该出现模糊难以辨别的情况。应该加强前厅员工客人信息查询能力,保证在关键时刻不会出错。

此外,本案例中,在住客人休息受到打扰后,相应的服务补偿必须是及时的。本案例的客人在深夜受到打扰后,服务员第一时间的道歉和解释,到次日值班经理的解释和酒水补偿,都替酒店反映了一个良好的知错能改的态度。为了维护酒店的形象,必要时候物质和精神补偿都是值得的。而且相对来讲,能够入住酒店别墅的一般都是身份地位比较高的客人,为了留住这一部分客人,在可能的情况下进行服务补救完全可以理解。同时,加强员工的培训同样重要。

案例分析 22:现实与理想

一个阳光明媚的下午,酒店来了两位穿着时尚的客人,此时酒店的客人并不是很多,两位客人一进酒店大堂就表现对酒店的浓厚兴趣,前台办理入住的时候就积极询问酒店开业时间和建筑风格特点。两位客人选择入住的是酒店相对较好的温泉房,办理完入住在行李生德瑞克的带领下,两位客人经过酒店楼层走廊,看到酒店屋顶的形状就问,“你们酒店是不是跟海南的洲际风格一样啊?怎么那么像?”德瑞克细心回答,“我们酒店是以东南亚风格建造的酒店。”沿着走廊,见人比较少,其中一位女客人说:“我就喜欢来这种人比较少的地方度假。”显然客人对酒店的环境是比较赞同的。

来到房间门口,德瑞克请客人用刚做好的房卡开门,客人将房卡递给德瑞克,德瑞克将房卡置于感应,咔嚓,红灯,门不开。

试了多下后,德瑞克让客人在门口先休息一会,自己赶紧回到大堂帮客人重新做房卡。

做好房卡后很快就回来了,客人有点不耐烦,德瑞克跟客人道歉后打开了房门,一股味道扑面而来,此时那位女客人不高兴了,“这什么味道啊,怎么是这样的,你们酒店是怎么打扫卫生的?”德瑞克只能一边解释一边介绍房间设施。“你们这地方怎么这样子的啊,有没有打扫干净的啊?怎么感觉这么脏?”来到阳台的温泉池,这位女客人彻底火了“怎么是这样的,我在网上看到的不是这样的啊,你看看,我把网上的照片给你看”一边拉德瑞克过来看。德瑞克也没办法,只好好心跟客人解释:“网上照片只能作为参考,如果有任意意见我再帮您反馈。"回到大堂,德瑞克把情况告知值班经理,经理指示赠送欢迎水果安抚客人的情绪。德瑞克送水果到房间后,客人拉着德瑞克说:"我刚点的送餐,我都说不要辣的了,怎么还这么辣? 你们是怎么搞的?"德瑞克微笑的跟客人解释会去了解情况,一边送水果表达了歉意。德瑞克回去之后了解到,客人所点菜肴属于印度菜,有点偏辣,已告知客人,酒店只能将口味调淡,不能保证不辣。德将全部情况告知值班经理,经理亲自电话跟客人解释,客人理亏只好作罢。

【评析】

本案例中由于客人对酒店的硬件及服务等达不到客人的要求导致客人的不满,宣传与事实不相符,客观讲,酒店的硬件条件的缺陷是客人不满的前提,酒店负有部分责任,但更主要的还应该是客人的理想与现实的差距导致对酒店的过高要求。

第一,酒店在对自己的产品进行宣传时,为了达到宣传效果,将过分美化的照片放在网上吸引客人,存在虚假宣传的嫌疑,作为酒店方,其实是对客人不负责的表现。

第二,酒店在应对客人过分要求的情况下,所能实行的方案选择范围较小,本案例中的客人实际上她需要的更多的是得到硬件和服务上的享受,即使酒店在后面给予了物质补偿的效果都未必比得上服务上的提高。

第三,对于酒店硬件确实存在的问题,酒店必须及时妥善的解决而不是等到客人投诉或者不满的情况下再跟进解决,客房服务能够弥补的是酒店的服务质量,但是硬件的不足有时会掩盖服务的改善。因此维护良好的硬件是酒店的重要事情之一。

第四,应对过分要求的客人,应该加强一线员工的应对能力,维护酒店的形象,从而提高酒店运营效率,提高经济效益。

另外,酒店为了稳固一部分注重体验不在乎经济承受力的客人,提高酒店的整体效益,在不管责任在哪方,酒店都会满足这一部分人群的要求,从而带来在社会高收入人群中的口碑,进而进一步稳固品牌形象扩大收益。

案例分析 23:无理取闹的客人

某日下午某酒店接到两位穿着打扮很时髦的女客人。接待她们的是一位刚来不久的实习生。客人直径走到前台就说要折扣和升级房间,接待员询问是否是优悦会会员。客人说不是。接待员就耐心解释这样的话是不能升级的,不符合条件。结果两个人就很生气说:"我当然知道不符合条件,不过你们总是有办法的呀,要不就折扣要不就升级。"接待员委婉拒绝并意识到这两个客人比较麻烦便叫来了主管。主管来了以后还是非常耐心的解释,结果两位顾客还人身攻击说:"就这鸟样,还主管。"最后折腾了一番还是没有给客人折扣和升级,客人入住了预定的房间。

第二天下午退房的时候这两位客人又来前台闹,说前一天晚上服务员没有经过她们同意就进了她们房间,她们不见了2000块,要求免了昨晚的晚餐钱和购买的粽子钱。经过大副的一番调查,原来前一天晚上客服服务员是去做夜床服务,刚好客人外出了,服务员就直接进去了,但并没有拿客人的钱。大副跟两位客人道歉并告知是夜床服务,送两瓶红酒赔礼道歉,如果钱不见了可以帮忙报警。两位客人又不肯报警。就一直在大堂闹着要免晚餐钱和粽子钱。大副知道这两个客人明显是要占小便宜的,而且也不符合酒店规定,还是没有答应客人。双方一直僵持着,最后两个客人拿了两瓶红酒走了。

【评析】

本案例两位女客人一开始就是比较无理并且爱占小便宜,没有得逞不甘心,第二天还要继续无理取闹。酒店方面的服务也有不足的地方,客房部是允许服务员在客人不在房内的情况下进去做夜床服务的,这个规定是否合理呢。

第一,客人入住时要求折扣和升级房间,但是客人的条件不符合酒店的规定,最终前台主管没有答应客人的要求,面对客人的恶语,主管也并没有计较。这显然是非常合理的做法。

第二,客人退房时说钱不见了,但是又不肯报警,如果真的是不见了2000块怎么就只要求免晚餐费和粽子的钱呢,这两样加起来也就五六百块。所以大副并没有按照客人要求的赔偿,而是根据酒店的规定来处理。

第三,服务员在没有经过客人同意的情况下就进去做夜床服务,这个是值得探讨的问题,虽然这个服务是好的,但是很多客人都是不喜欢服务员擅自进房间的。其实这个解决方案有很多,比如客人在办理入住的时候询问一下夜床服务时若客人不在房间能否直接进去,然后把客人的答案备注进系统,这样的话客服的服务员就知道能不能进了。这样其实可以减少很多不必要的投诉。

这个案例的处理办法我认为是非常合理的。首先,客人是一开始就不讲理,而且第二天的做法也是很无理的,虽然酒店方也有错,但是有赔礼道歉并且送红酒。把酒店的损失降到最低,维护酒店利益。

案例分析24:夜班惊吓

某日总机夜班轮到小李上班,接到一个客人的电话说要换房,并且听起来非常着急,小李答应客人并告知稍后服务员会送房卡过去。然后小李就忙夜班的工作,发邮件和更新白板。小李在写白板的时候突然有人在敲走到的玻璃窗,她回头一看吓了一跳,一男子穿着内裤站在外面。男子说要换房,小李赶紧告诉他前台服务员已经把房卡送过去了,让他在前台等一下,然后小李马上打电话通知前台同事。后来客人说他要另外开一间房,并且要离他原来的房间越远越好,还嘱咐我们不要把他的房号告诉原来房间里的另外一个朋友,衣服什么的他都不要了,并且一脸惊慌。

接着总机就一直接到客人朋友在原来房间打来的电话,不停地询问客人去哪里了,要去找他。小李每次都礼貌的告知不知道。但是还是一直接到电话,最后客人的朋友要求派人带着他去找。无奈小李只能让前台同事过去并且把此事通知当晚的 MOD(值班经理)。MOD 接到通知后和前台同事一同赶往来电的房间。很明显该客人是喝了很多酒并且在撒酒疯,最后在保安的协助下安顿好酒醉客人并确保客人的安全后离开。

第二天很早的时候另外开了一间房的客人到前台退了房并且回到他朋友那里,不久二人一同前往前台退房。

【评析】

酒店遇到醉酒客人应该是比较常见的事情,当然作为度假型酒店相对会少很多,此案例中的处理方法也是比较好的,既没有伤害到客人也没有损害到酒店的利益。

第一,客人被他醉酒的朋友吓到,要另外开一间房,并且穿着内裤跑到总机,总机夜班的女生虽然被吓到了但是还是理智的处理,告知客人稍等并马上通知前台上夜班的男同事。但是总机作为办公室客人随便就进来了,而且总机的几个员工都是女生都要轮流上夜班,今天这样的情况是安全的,不一定下一次也会是这么安全的,所以酒店方面是不是应该采取一些措施来确保员工的安全呢。

第二,客人要求不能透露他的信息,小李坚决不透露,维护了客人的隐私。在自己没办法很好的解决事情的情况下及时通知当日值班的 MOD,把事情交给上级处理,这样既能够把事情处理好又能够确保自己不会因为出了事受到责罚。

第三,酒店在处理这类醉酒客人的事情时,要确保客人的人身财产安全,同时要维护好酒店的利益。案例中酒店员工在安顿好客人确保他的安全后才离开房间,而不是什么都不管任客人撒泼或者把客人赶出酒店。

此案例中,小李的从容淡定和机智值得表扬,即使受到惊吓也能按照酒店总机的服务流程来操作。

案例分析 25:食言

一天下午,一位香港客人来到酒店前台,怒气冲冲地责问礼宾部:"你们为什么拒绝转交我朋友给我的东西?"当班的是我的同事实习生 Star,他连忙查阅交接记录,不见上一班留有有关此事的记载,便对客人说:对不起,先生,请您先把这件事的经过告诉我好吗? 客人便讲述了此事的原委。原来他几天前住过这家酒店,前两天去广州办事去,离店前预订了今天的房间,并告诉当班的行李员,在他离店期间可能有朋友会将他的东西送来,希望酒店代为保管,当时当班的同事满口答应了。但他却未在值班簿上做记录。第二天当客人的朋友送来东西时,另一位当班行李员见没有上一班的留言交代,又见客人朋友送来的是衬衫,便拒绝接收,要求他自己亲手去交。客人知道此事后大发雷霆,于是便有了一开始责问 Star 的场面。Star 听了香港客人的陈述,对这件事很快就有了一个基本判断,马上对客人说:"很抱歉,先生,此事的责任在我们酒店。当时,我的同事已经答应了您的要求,但他没有把此事在值班簿上记录留言,造成了与下一班工作的脱节。另外,下一班的同事虽然未得到上一班服务员的交代,但也应该根据实际情况,收下您朋友带来的东西,这是我们工作中的第二次过失。实在对不起,请原谅。"说到这里,Star 又把话题一转,问道:"先生,您能否告诉我,您朋友送来让寄存的东西是何物? 唔,是衬衫。Star 听了马上以此为题缓解矛盾:"先生,话又得说回来,那位同事不肯收下您朋友的衬衫也不是没有一点道理的,因为衬衫这一类物品容易被挤压而受损伤,为了对客人负责,我们一般是不转交的,而要求亲手交送,当然您的事既然已经答应了,就应该收下来,小心保存,再转交给您。不知眼下是否还需要我们转交,我们一定满足您的要求。""不必啦,我已经收到朋友送来的衬衫了。"客人见 Star 说得也有点道理,况且态度这么好,心情舒畅多了,随之也就打消了向酒店领导投诉的念头。

【评析】

首先,这件事 Star 处理得很好,值得肯定,把"对"留给了客人,把"错"留给了自己。在对待情绪比较激动状态下的客人依然没有紧张并且能够迅速变通,最后灵活委婉地告诉客人其实并不完全是自己酒店的责任,与此同时仍然不失礼貌,还能稳定客人情绪,把问题大事化小,小事化无,给酒店解决了一个潜在的投诉,维护了酒店的形象。

其次,Star 表现出一个礼宾部员工应该有的应变能力以及处理问题的能力,也展示出酒店解决问题的速度以及酒店员工的基本素养,表达了酒店对于每位客人的重视和关心,同时也避免了客人的投诉,稳定了客人并且给客人带去了一份好心情,更进一步来讲,客人的顾客忠诚度也会因此大大提高,机智的员工会给酒店带来一个更忠诚的客人。

最后,在这件事情中暴露出酒店前厅工作脱节造成不良后果的教训更值得汲取,酒店前厅工作要避免此类事件的发生,管理人员要时时刻刻对员工做好监督与动员,并多进行各类相关类型的培训,做到切实重视此类问题。与此同时员工应树立整体意识,各个岗位之间,分工要更明确,信息转达要确保准确性,上一班与下一班之间要做好协调工作(包括认真做好交班记录),相互衔接,环环相扣,从而保证整个酒店工作像一个工厂流水线那样顺顺当当地正常运转。

案例分析 26：SOP 与真诚

香港客人郑先生和他太太坐酒店穿梭巴从 JL 酒店过来，行李员 Wayne 做好接待工作热情地引领他们去到前台办理入住手续，办完后，Wayne 送他们上房间，途中介绍餐厅以及酒店营业点的其他信息，送到房间后，他们让 Wayne 留了下来，问了他很多事情，包括酒店的穿梭巴士具体时间表，还有城市周边信息，市区有哪些好玩好吃好逛的地方……。在这个过程中，Wayne 就把他所知道的信息一一传达给客人，把他从礼宾部学习到的服务意识展现出来，以自信而且面带微笑的方式去解决客人的所有问题，在最后 Wayne 祝愿他们两位入住愉快并按照 SOP 留下自己的名字后就离开房间继续自己的工作了，然后 Wayne 就收到了客人的表扬信，客人在信中说很感谢他的热情服务，他的真诚也打动了客人，酒店应该为有这样的员工而骄傲。

Wayne 相信真诚的服务不仅能够让客人印象深刻，而且能够让他们感受到关爱。一封小小的表扬信确实有很大鼓励，这是对 Wayne 工作的一个认可。Wayne 也以此作为动力，更加用心，用更好的服务用心接待每一个客人。

【评析】

1. 在上述案例中，Wayne 是一个很热情的员工，能够拿到客人的表扬信就是服务被客人认可的一个体现。在做好 SOP 的同时，用自身发自内心的关怀去感染客人，给对惠州并不熟悉的客人带来了很多帮助，也拉近了跟客人之间的距离，用真诚的微笑表现出作为一个酒店礼宾部该有的基本素质，提高了礼宾部在客人心中的地位，也提高了酒店在客人心中的地位，让客人体会到了皇冠"先行一步，用心服务"的理念。

2. 在后来的交谈中，我了解到，Wayne 在这几个月的工作中，将香港客人的特点归为以下几类：

①喜欢乘坐免费的穿梭巴士去市区，而且一定会问是否有车接回店。

②喜欢在大堂拍照，那些水滴，大堂艺术品往往成为背景。

③习惯问酒店员工很多问题，餐厅营业时间、穿梭巴士时间、游泳池、健身房营业时间，酒店周边信息。

④香港人都很有礼貌，跟他们打招呼都会得到热情的回应。

⑤用粤语跟他们沟通，他们会很开心。

Wayne 在工作中将自己的工作经验与实际紧密结合了起来，具体问题具体分析，这体现了他在工作中的细心，能够发现一些很小的细节，因此在碰到香港客人的时候才能够从容真诚地为客人服务，并且因为自己的真诚收到了回报。

3. 作为一个酒店人，一定要注意细节，很可能一个细微的小细节就能起到很关键的作用，在工作中也要不断学习和积累，提高自身的技能和内涵，毕竟物质能决定意识。

案例分析27：该不该免费升级？

陈女士一家三口到惠州市郊区的五星级酒店度过周末。因为上次过来时这家酒店的入住率极低，只有三两间客房，由于酒店主楼用的是中央空调，在住房率低的时候，酒店会把预定主楼普通房间的客人免费升级到有独立空调的别墅房，以此节约成本。

陈女士对上次的住房体验很满意，于是在入住时，跟前台接待员小王说："我是你们的常客，这次能免费给我升级房间吗？"小王打开客人预定资料，客人是普通客房，不拥有本酒店集团大使卡会员免费升级的权利。于是小王跟客人说明情况，如果要升级房型的话需要收300元的差价。陈女士不甘心，于是跟小王磨了很久。但小王没有给客人免费升级的权利。最后，陈女士怒气冲冲地回到预定的房间……

大约15分钟后，大堂副理周经理接到陈女士关于客房问题的投诉——双床房床太小，儿子跟老公睡不下一张床。要求换大床房！这家酒店的单人床是2米＊1.2米规格的，相对于其他五星级酒店确实是小，周经理就答应给客人换了同个等级的大床房。但是，过了不久后，周经理再次接到陈女士的投诉——房间灰尘太多，要求换房！周经理前去陈女士房间察看，用手掌往台面上一蹭，是有灰尘。这时陈女士很生气，要求免费升级房间，如果不给升级就要退房退费。周经理为了不激化矛盾，便让小王准备给陈女士的升级程序。在目的达到后，酒店人员就再也没有接到陈女士的投诉和抱怨。但是以后每次陈女士入住都不办理会员卡，并且想尽方法免费升级房型。扰乱了酒店的会员制度。

【评析】

本案例中因非会员住客陈女士的一次偶然免费客房升级体验尝到甜头，其在之后的每次入住都抓住酒店的漏洞，想方设法地得到免费升级的待遇。大堂副理的妥协，却对酒店会员制度造成威胁。

第一，酒店的硬件和节约成本的做法存在问题，酒店中央空调的设计虽然在建设期间和入住率高的情况下能够节约成本，在入住率低的时候也会造成很大的资源浪费。客房的床太小以及服务员的打扫不彻底也成了酒店的漏洞。

第二，在住房率低的情况下不开主楼，将普通客房的住客免费升级到别墅房入住虽然能让客人得到很好的入住体验，但是从另一方面来看，也是酒店主动开了个不好的头。让客人知道了酒店在客房升级问题上留有让步的余地。

第三，面对陈女士这种带有目的性要求免费升级的客人，酒店代表周经理应该从酒店的长久利益为出发，坚守客房升级的规则。拒绝其请求，这不仅体现了对酒店忠实顾客的大使卡会员的公平，也维护了该品牌酒店的名声。

另外,就本案例的情况而言,陈女士因为贪小便宜百般习难酒店员工,从而达到自己的目的的方式让人不齿。但是主要过错还是在酒店自身,面对来自客人的无理请求,周经理应委婉拒绝。不是为了不得罪客人而做出一些违反原则的让步。

案例分析 28:马桶漏水了谁的责任?

三十来岁的徐女士和年迈的母亲去了位于惠州市郊区的一家温泉度假型酒店度假。办理入住后,徐女士将母亲带到房间,自己出去商店买了点零食。回到房间老人告诉女儿马桶水箱漏水了。徐女士跟客服中心小李说了马桶的情况,并让人尽快来修理。等客人挂了电话后,小李让客房服务员前去徐女士的房间察看情况,再由客房部上报到工程部,师傅才前去修理。

大约四十分钟后,修马桶的人还没出现。到了用餐的时间了,徐女士跟小李说明要跟母亲去用餐,让修马桶的师傅待会到了,自己开门进去修。同时,我希望我回来了,房间的马桶是修好的。小李催促了客房文员小黄。二十分钟后,小黄跟前台接待小王交接师傅已将水箱修理好了,但需要客人赔偿修马桶的费用 300 元人民币。因为客房部认为是客人把马桶弄坏的,客人应该赔偿。

徐女士用完餐后回到客房就接到前台接待员关于马桶修理费用赔偿的电话,徐女士说:"我们入住前,马桶就是漏水的。为什么要我赔?"前台小王坚决地说:"因为客房打扫阿姨确定打扫房间时马桶水箱是好的,所以应该是您的责任。"徐女士大怒,于是向大堂副理陈经理投诉。陈经理前去徐女士的房间了解情况。当问到老人时,老人说:"我当时走进卫生间的时候,地面瓷砖不干,我脚一滑失去平衡,往马桶方向倒下。刚好上半身撑在水箱上,不然我这副老骨头啊……"说到这里,徐女士跟陈经理对这件事心里都有了底。陈经理因老人家差点摔伤的事道歉,确保老人家没因为刚刚那一滑而受伤才放心。不仅免了徐女士的 300 元赔款,并让礼宾部给徐女士一家送了个果盘赔礼。徐女士从此也成为该酒店的熟客。

【评析】

本案例中因马桶水箱漏水,酒店坚持是客人弄坏客房物品该赔偿的原则,而巧合的是,客人在不知情的情况下认为这并非其弄坏,不该负责赔偿酒店维修费。从而造成责任纠缠不清,随着事情的水落石出,我们知道马桶盖、虽是客人弄坏的,但主要责任仍在酒店方面。

第一,客房在接到工程维修问题时,处理效率较低。客人在反应房间问题后,在房内等了接近一个小时也不见修理马桶的师傅前来解决当前之急。要靠催促才能重新引起酒店的注意。这是酒店办事效率低的表现。

第二,前台接待员小王对客交流技巧生硬死板,不够灵活,切入点太过直白从而得罪了客人。小王是酒店前台接待员,与客人直接交流,谈吐和态度直接影响的是这个酒店的形象,即使确定是客人把马桶弄坏了,语气也该谦卑、耐心,语气要委婉,不要让客人感觉到你的恶意。如果在对客交流中遇到问题,应及时向上一级求助解决问题。

第三,首先客房服务员在打扫房间时,浴室地面没擦干就离开了是不符合做房标准的。其次,客房浴室防滑设施不够完善,瓷砖应用防滑瓷砖,而且还应根据实际情况加个防滑垫。

另外,就本案例的情况而言,酒店大堂副理最后虽让徐女士知道是其母亲直接把马桶弄坏,但是由于酒店客房打扫不合格的问题,导致客人滑倒,才撞坏的马桶。老人也因此险些受伤,所以酒店该负全责。陈经理免去客人对马桶水箱的 300 元维修费的做法是正确的,及时关爱老人有无摔伤,并送上果盘赔礼道歉从而得到客人的认可。这个服务补救是成功的。

案例分析 29:服务看重态度

在一天晚上,有个客人由于塞车很晚才来办理入住,客人没有预订,想到前台咨询一下房价和还有没有房间,当时前台有一个大副和一个前台实习生在值班,客人跑到前台,就开始询问那个大堂副理现在的房价是多少,还有没有房间,谁知大副竟很不耐烦地说:去去去,到旁边去,没看见我在忙吗,到旁边去办理,那里有人。这句话深深震撼了这个客人,没想到自己来住酒店会遭到这样的待遇,自己住过这么多的五星级酒店也从来没被这样对待过,尽管很不开心,但他还是跑到实习生那边办理了入住,办完入住后便由礼宾员领向房间,客人在途中依旧是很不开心,便咨询服务员,你们酒店有什么途径可以进行投诉的吗,那个大副态度这么差,我一定要投诉他,礼宾员便如实的告知那位客人房间里面有一张 COMMENT 卡,入住之后有什么意见和留言都可以写在那,客人得知后非常满意,到了第二天,客房部的服务员在清理房间的时候拿到了那张 COMMENT 卡,并且交给了客房部经理,客房部经理看见后知道了事情的严重性,果断将这张卡的图片发到了前厅部工作群上,并且将卡交给了房屋总监,房屋总监知道之后也是非常的生气,在办公室里狠狠地训斥了这个大副。

【评析】

1. 大副的做法犯有严重错误。客人来这里入住,便是来这里享受服务的,应用良好的服务质量来让客人感受到物有所值的感受,这也是酒店的核心价值所在,作为大堂副理本应是做好带头的作用,并且还兼有监督大堂其他服务员的责任,可他并没有这么做,反而还很不耐烦给客人这个态度,这会对酒店的品牌形象造成巨大的伤害。

2. 那位礼宾员的做法是正确的,当客人对酒店有评价或者建议时,无论是好是坏,都应正确地对待,并告知客人途径。

3. 客房服务员和客房部经理做法也是符合规定的,酒店的员工附有互相监督的义务,当发现自己的同事有什么做错的事情的时候,应该要勇于指出,并告诫其切莫再犯相同的错误,这样才能更好地提高酒店员工的工作素质。

案例分析 30:服务讲求效率

在一个下午,有个家庭出来旅游的客人在前台办理入住,他们是在中午 1 点到的,在前台办理入住时前台同事跟他们说现在还不能拿到房,房间还在打扫中,客人很无奈但也没办法就问了下什么时候能拿到房间,前台同事说一般来说在 2 点的时候酒店就应该能把房间给到他们,客人应允了,就答应会先去吃了饭再回来拿房间,等客人再次回来时,酒店依旧是拿不出房间,直至 5 点才把房间给到客人,客人此时是非常生气的,埋怨酒店的办事效率如此之低,随后便去了房间,但过了一段时间后,客人再次打电话到总机投诉,说诺大个五星级酒店为什么连个空调都没有? 总机说会叫人过去看看,请客人稍等片刻,但半个小时过后,依旧没有人过去看,客人再次打了个电话,总机这时却说今天的空调在维修,直至晚上 2 点才会有空调,客人听了后非常的生气当天晚上便退了房,并且告知以后再也不会入住这家酒店,也会告知朋友别来入住,客人还带有小孩,没有空调让孩子起了红疹,花了钱还在这里遭罪,自然很不开心,最后离开了这家酒店。

【评析】

1. 客人来酒店入住,酒店应按时给客人提供房间,给客人提供一个良好的服务,而不是让客人等房;另外前台服务员在酒店无法准时提供房间的时候,不能随便答应客人一个时间来敷衍了事,从而引起更大的麻烦,酒店应该做的是加快客房部的赶房效率,加派人手,以便更快地给客人提供房间,减少客人的不满。

2. 总机接到电话之后应立即叫工程部的同事给客人看看原因,就算有事不能立即去到也要给客人一个抱歉,并告知客人,而不是敷衍了事。

3. 客人是带着小孩出来旅游的,这么热的天气,房间这么闷,在没有空调的情况下导致小孩起红疹,是谁都会不开心,花钱是来享受的,然而反而像遭罪了一样,自然会有投诉,如果没有空调就应该实情告诉客人,并及时给客人送过去一个冷风扇暂时解热,并催促工程部尽快修好酒店的空调,减少客人的埋怨,并且在平时就应该加强对酒店内部设施的保养和维修,而不是等出事之后再来解决问题,平时加强保养和呵护,会大大地减少状况的发生,从而加强客人的入住体验。

案例分析 31：不高兴的中年夫妇

早上 8—12 点是客人退房的高峰期，今天又是跟以往一样，前台忙忙碌碌的为客人退房。而在门口例行工作的我发现在酒店大堂休息区坐着一对中老年夫妇，虽然是坐在那里但是很明显一脸不悦的样子，那位大妈还骂骂咧咧地跟我们值班经理 Gordon 抱怨，Gordon 也很抱歉的跟他解释，阿姨的脸色明显好了些，但还是不是很满意，我过去一询问才知道大妈他们对我们酒店客房服务非常不满意，因为他们在进客房前遇到客房服务员向他们要两瓶矿泉水而该客房服务员态度不好并表示要收费（其实每个房间有两瓶免费矿泉水的派发权限），同时跟那客房服务员说要酒店袋子她也说没有（酒店也提供免费置物袋给客人），因此这对夫妇感觉对这边的客房服务十分不满意，不过当我耐心聆听了大妈的投诉后她说心情好了很多，我为客房服务员的行为表示非常抱歉，并跟大妈他们说这件事我们会反映过去的，然后我立即回去礼宾部拿两瓶水过去给大妈，说让大妈在回去的路上可以喝，大妈很满意的接受了并表扬了我们这边一楼的前厅部服务非常到位，说我们有用心在做服务。然后在大妈他们离店时我主动过去休息区那边帮他们搬运行李送他们离店，将行李放置好在后车厢，并开好车门做好送行服务，并祝他们一路顺风，他们对我的行为表示十分感激，然后笑容满面的离开酒店了。

【评析】

问题一：

这对夫妇为什么不高兴？

主要是因为这对夫妇对客房服务员的服务态度很不满，认为他们没有受到应有的礼貌服务，认为客房服务员没有用心服务客人，尽量满足客人合理的要求。

问题二：

为什么最后这对夫妇笑容满面的离开酒店？

a. 作为服务行业的酒店业，客人就是上帝。在客人表现不悦时，我们应耐心聆听客人抱怨，不打断，使客人感觉到受到尊重了，我们才好采取接下来的补救措施。

b. 酒店这边及时采取补救措施，并做好了跟踪服务。

c. 以更好的后续服务对待该夫妇，超前服务做得比较到位。

案例分析 32：凌晨两点半

在某酒店这边上班，酒店客房如果不是出现满房或者接近满房的状态的话，总机的工作一般是在凌晨两点后就让我们礼宾部接手,主要工作就是向各个部门传递入住客人的需求信息,比如点餐服务、客房服务,最快满足客人的需求。

　　在一次夜班中,大概是凌晨两点半左右,我接到1520房间客人的电话,主要是说房间内电视无法播放的问题,于是我让客人稍等一会,通知客房服务员那边过去调试电视,大约过了十分钟后客房那边来电说无法解决问题,需要让工程部那边派人前去修理,我只能再联系工程部那边让他们派人过去1520房,并将这件事情报告给当夜值班经理Jerry,然后Jerry也催促工程部那边尽快解决问题,很不幸的是后面工程部那边回电说无法短时间解决该电视问题,之后值班经理Jerry给1520房客人电话询问是否需要更换房间,客人很不满的表示太晚不想换就挂了电话。果然,第二天就收到了客人的投诉。

【评析】

问题一:

该酒店的夜班相对其他五星级酒店有什么区别?

该酒店在不是太忙的时候,总机工作在凌晨两点后的工作由酒店礼宾部接手,而没有设专门的总机工作人员上夜班。

问题二:

为什么客人会投诉?怎样评价这次服务?

原因:a. 没有在第一时间解决客人问题,而是花费了大量时间没有效果,并拖延了客人休息时间。

b. 平时工程部没做好电器检修工作,客房部查房工作不到位,导致该问题产生。

c. 酒店没设置总机夜班机制,由非专业的礼宾部的我们接手工作容易产生问题。

评价:这次服务是一次失败的服务,并没有满足客人的需求,没有得到客人满意的成果。夜班工作是不可控性最大的班次,随时都有问题产生,一旦有无法解决的问题,应立即报告上司如当班值班经理,以最快的速度解决客人的问题,预防客人投诉问题的产生。

案例分析33:漏写关键字的代价

　　某日中午小张接到一位姓王的客人的来电,客人声称在某酒店官方微信上看到酒店的周年店庆活动,房间价格优惠,便想在酒店这边订一下房间,小张询问了一下客人是否和酒店签订协议后给他报了500元不含早的散客价,王先生有点生气地说:"你这是坑我呢,你微信宣传明明写着450元赠1份早餐,"小张解释说:"很抱歉,王先生,这个价格是要和我们酒店签订协议才能享用的,"王先生更加生气地说:"你微信宣传上可没有写明只有商务公司才可以享用此价格,要不要我发这个宣传给你看看呀,"小张当时也没找到那个微信宣传链接,一下子就蒙了,不知道怎么回事,但也认识到这事情的严重性,便耐心地向王先生解释说"宣传的事并不是我部门负责,所以是否标明商务公司,本人不是很清楚,但我确实按照公司的内部发文给你报价的,绝没有欺瞒你的成分,你说的情况我也会向领导反映一下,了解清楚后再给你回电话,尽量给你满意的答复。"小张留了王先生电话便挂断了电话。经了解,微信宣传上确实没有标明只有商务客人才可以享用450元赠单早的优惠价格,小张便向上级反映情况并申请特批。上级考虑到这确实是酒店文字编辑上的错误,为了保住酒店的信誉,同意让王先生以商务客人的价格入住,听到这个结果后,王先生这才转怒为笑。

【评析】

此案例主要是由于宣传策划部文字编辑上的错误,让客人钻了空子,造成了酒店不必要的经济损失。

在帮客人预订房间的时候,预订员首先需要核实客人身份,通过客人的姓名或者电话号码查询到相关的公司才可享受商务优惠价,否则只能按散客价入住,如果散客要以商务房价入住,预订员需要向酒店经理级以上的领导申请特批,上级同意后才能为客人按商务价格做预订,预订员没有特批的权限。

客人因微信宣传上的价格和实际报价不相符而生气,预订员要尽量稳住客人的情绪,不应与其过多的争执,了解清楚情况后,再做好个人的解释工作,尽量满足客人的合理要求,减少不必要纠纷。

酒店宣传策划部文字编辑上不够仔细认真,没有经过严格的审核就公诸于众,难免让细心的客人注意到,较真于酒店文字上的错误。

部门之间要加强沟通,特别是预订员要关注自己部门相关房价的对外宣传,务必了解清楚宣传的内容细节,减少错误。

尽管酒店给予特批价格解决此次纠纷,但是酒店负责人要做到把周年店庆的促销活动细节及注意事项向各部门交待清楚,酒店更要严格要求自己,加强管理做好信息的把关工作,要求对外宣传的工作要做到严谨细致到位,对外的信息更要审核清楚方可对外公布,以免引起不必要的麻烦,造成酒店损失。

案例分析34:漏做订单怎么办

8月15日,惠州某酒店因有大型团队入住,店内所有房型已满房。晚上23点30分,预订员小雷和小李锁门下班并把钥匙交到前台,刚好前台来了一位携程客人,前台接待员小许对小李说:"这位郭先生早几天在携程订了今天晚上的房间,可是在系统上找不到订单,你上去看一下携程 booking 上有没有他的订单。"说着便给小李看客人手机里的确认短信。小李只好重新拿钥匙回去开门、重启电脑,但电脑关键时刻掉链子,出现故障,一直不断地重启,客人在前台开始不耐烦,小许一边耐心向客人解释一边打电话询问订单的情况,捣鼓了一阵儿,电脑才恢复正常,经查看,客人于8月12日下订单,并在17:32分被我们接受,可糟糕的是,却没做好相应的预订。这时小李马上为客人做个新的订单,同时小雷也立刻联系服务中心是否能为客人再赶一间房间,服务中心告知现在客房服务员大多数都已下班,这种情况很难为客人再空出一间房,只能看一下查房的情况才能确认。小雷又看一下那些还没来的客人的订单,熟练地调整房间,先把未到的客人李小姐较好的高级房调给郭先生住,减少客人的投诉,再从其他客人张先生调一间休闲房补给李小姐,一切安排就绪后,立刻致电前台小许为郭先生办理入住,还承诺愿意退还这两种房型之间的差价,并赠送水果和礼品以表歉意。客人虽有不满但也被酒店高效的处理能力感动了,最后没有引起客人的投诉。这时服务中心致电可以腾出一间房给客人,事情总算较圆满完成。

【评析】

本案例是由于当天预订员接受订单却漏做预订引起的纠纷,责任在酒店。理应竭尽全力为客人安排房间,减少客人投诉。

携程的客人占酒店的比率较大,具有一定的销售量,是酒店的最大网上销售平台,酒店格外地重视,所以对于携程客人都是按照vip级别对待,尽量满足客人合理需求,避免客人投诉,影响销量。

预订员接受订单时,要及时把订单打印出来,以免工作繁忙时漏做。最好结束工作时把当天的订单再核实一遍。

幸好客人提前到店,预订员才能及时发现问题并解决,避免了问题的扩大化和客人更大的纠纷。

各部门各司其职,分工合理,配合协调,效率较高,能较快地解决工作上的错漏。

漏做订单已经让客人很不满,在房间相对紧张的情况下,要灵活处理,尽最大可能安排较好的房间给客人,必要时做一定的升级处理。如果不能做升级处理,视情况退还不同房型的差价,同时还可以赠送礼品,弥补客人的心里上的落差,避免矛盾再次激化。

酒店本着"优先安排到店客人"的原则,尽量安排到店客人入住干净但设备齐全的房间,减少客人因等待时间过长而投诉的情况。

另外,预订员要保持良好的工作状态,工作上要做到仔细认真,减少因粗心大意引起的错漏事件,同时酒店要加强员工紧急事件处理能力的培训,提高员工处理的能力和技巧。

案例分析35:适当的保密客人的隐私是一种必要

2015年7月13日下午2点,一位姓林的女士致电我们酒店,咨询7月10日一位姓陈的先生是否有入住我们酒店。由于我们被教育说要有专业素养,所以一开始林女士问我同事说是否有这个人入住的时候,我们都是说没有的。后来她见我们态度那么强硬,就改口说是她本人入住,但是由于和先生一起,而且是先生先来开的房,她是晚上才来的,所以没有她的名字入住。只有她先生的。见我们还不松口,她继续说她入住的时候丢失了一个戒指,让我们找一下。因为很多客人离店后都会发现自己遗失了东西在房间里,所以我们就和她核对了陈先生的信息,发现确实 7 月 10 日是有陈先生的入住,但是却没有发现有遗留物。再咨询林女士详细的信息,这时候林女士就不说话了,开始有点发怒。问我们有没有监控,可以调出来看吗,说遗失了很重要的东西。我们再次问她,她也是很支支吾吾,但说不出遗留物的详细信息。这时候我们感觉有些猫腻,就和林女士说如果有重要的遗失物那这边帮你转给值班经理,她后来一听就直接挂掉电话了。后来,没过多久,陈先生打电话来投诉我们,说我们没有保密他的个人信息,他老婆是打电话来查他有没有在外面外遇。然后看到他有在 10 号入住我们酒店,就死缠烂打,导致他上班也不能专心,他说他对我们酒店很失望,下次再也不会来入住我们酒店。后来,我们经理亲自给他致电表示歉意,给他送了红酒作为补偿,并且教训了我们一顿。

【评析】

　　客人选择一个酒店,不只是在酒店的硬件设施上,还在酒店的服务上。无论客人是出于什么原因,我们都要维护客人的隐私,不可轻易泄露。事例中不能把全部责任都归结于话务员,有一部分也是客人的问题。遇到这种事例,我们酒店也要承担一定的责任,给客人弥补。话务员在搞清楚事情的真相前,不能轻易告诉致电人入住客人的信息,在不能搞清楚的情况下,最好是和致电人说这里查询不到信息,还和客人说,若客人非要纠缠,可以记下客人号码,告诉客人帮她咨询咨询稍后回电话给她,这样既不会失了我们的专业素养,又能有效的婉拒客人。

　　作为一个高星级酒店,一定要给客人一个好的入住体验。现在社会同等级的酒店越来越多,要在一大群竞争者中脱颖而出,我们首先要有不同于别人,独树一格的服务质量和态度,让客人感觉到我们的服务热情,并被我们的专业精神所折服。当面对客人的投诉时,我们要妥善面对,妥善处理,避免给客人带来不必要的纠纷。

　　在赔偿客人损失的时候也要考虑酒店的成本,在可以利用酒店本身的资源来赔偿的时候就不要赔偿酒店出售的物品,像给客人免费升级、免费享受行政楼层待遇之类的,都属于是不消耗酒店成本的赔偿。大多数情况下,我们赔偿客人都是赔偿这些的,但事例中由于客人对我们酒店十分失望,赔偿这几样已经不能弥补客人,所以只能通过酒店出售的物品来进行弥补。

案例分析 36：脾气暴躁的客人

据通知,有位客人要来行政酒廊办理快速退房手续,他的 profile notes 上写着,此客人要求清楚账单上的每一笔帐还要快速退房。退房这个重任无疑就落到了我的肩上,因为跟我上班的同事不会退房。在这个客人来之前我就忐忑准备好了账单。因为这个客人要帮 3 间房的朋友结账,而且还住了三晚,为了以防万一,分账单总账单我都打印出来了。这个客人一来到看到各种账单还没等我解释就不耐烦地拍桌子。我佯装淡定但内心万马奔腾地一一做了解释。客人了解清楚后说要撤销原有的预授权,用另外一张信用卡结账。他给了我一张信用卡,我问道,是要用这张信用卡结账吗? 他马上就火了,说你是不明白我的意思呢还是听不懂普通话。我只好道歉,面不改色地说撤销预授权是不需要原卡的。然后他就换了一张卡给我。在一切办好之后,我帮他拉行李,并得到了这个脾气暴躁客人的谢谢与微笑。

不可否认,在这个声音粗矿、行为粗鲁,脾气暴躁的客人面前我是紧张的。我几乎都能听到自己的心跳。但我心里的小人一直在说,没事,你又没做错。没犯错就不用担心。用你的专业征服这个粗暴的客人吧! 我缓缓地深呼吸给自己打气,就这样,我还是做到了。这个案例成功的原因是面对客人的暴躁行为以及不耐烦的语气,我没有被吓到,而是故作从容,用专业知识让客人满意,并让他为自己的态度惭愧。失败的原因是面对脾气暴躁的客人,不应该过多的与之交谈,而是要以最快的速度办理完客人所需。

对于暴躁型的客人,他们性情急躁,动作迅速,讲话节奏快,因此对服务最大的要求是马上、及时,所以服务员为他们服务,要注意服务方式,讲究效率,弄清楚要求后,尽快完成服务项目,遇到问题,千万不要和他们顶撞,以免引起他们急躁和冒火,给酒店和个人带来不良影响。入住酒店的人形形色色,每一位客人的个性都不一样,因此对服务的具体要求也各不相同。所以,首先,我们得要有一双"慧眼"。马上识别到客人的性格,并清楚各种客人的"忌讳"。我们还要快速掌握不同客人的个性特点,提供所需服务,提高客人满意度,从而为酒店赢得回头客。

案例分析 37：识别出客人

一天早上,一位外籍客人过来前台办理退房手续,客人办理完退房手续后,我简单地问了他的入住体验并进行了愉快的聊天,并得知他下个星期还会回来酒店。这天,这位客人过来前台送洗衣,我一眼就认出了他,并很激动地对他说:"您回来啦!"这个客人表示很惊讶我竟然认识他。他是第二次来惠州,上次来因为忙着工作也没有时间好好了解惠州,然后我就跟他简单地介绍了惠州最近的天气、景点什么的。在这之后,每次见到他都有一个很愉快的聊天。每天早上七点多他都去西餐厅,吃完早餐后就会到礼宾部叫的士,在等的士的这段时间,就是我们闲聊的时间。就这样,我们渐渐地熟悉起来,他成为了我的客人朋友。在他退房差不多有一个月的某一天,他对他的账单有疑问,他联系了我,我尽快帮他找到了那天的详细账单,成功地解决了他的问题,并收到了他的表扬信。

这个案例成功的最主要原因是很好地识别了客人。第一次的聊天抓住了主要的信息,得知该客人下星期会回来,并且在他回来后很好地识别出了他,并热情地与之聊天,帮助他解决问题。虽说很聊的来,或者有些客人是我们的常客,彼此很熟悉很聊的来也好,但我们也必须顾虑到他客人的身份,尊重客人,点到即止,不可无拘无束大大咧咧的聊。

在饭店及其他服务性行业的工作中,主动热情地称呼客人的名字是一种服务的艺术,也是一种艺术的服务。通过饭店服务人员尽力记住客人的房号、姓名和特征,借助敏锐的观察力和良好的记忆力,提供细心周到的服务,使客人留下深刻的印象,客人今后在不同的场合会提起该饭店如何如何,等于是饭店的义务宣传员。在与客人聊天中,得到的信息要牢记,并熟悉客人的 profile notes(外形特征),长相,在下一次见面时能快速地识别。聊天并不是"瞎聊",而是要得到关键信息。比如,退房客人什么时候还会再次入住酒店,客人对房间的要求,喜欢的食物等。在宾客遇到困难时,我尽自己一切努力去帮助,从不以任何理由拒绝。如不能满足宾客要求的时候,我及时向宾客致歉,以求谅解,不随意编造理由,推诿搪塞。在答应宾客的事我定守信用,不疏忽大意,甚至遗忘。

案例分析 38:如何安抚客人的情绪

某酒店在 11 月份到次年的 2 月份是旺季,特别是周末。今晚接到一个通知,帮一对住在水疗房的情侣换房,理由是原房间比较闷热,我帮他们换到更高更远的楼层,我热情地帮他们拿着行李在前面带路,去到新的房间,空调散风都挺好,于是就确定换房了,但是接下来这位女客人的要求就比较繁琐,第一,他们要喝红酒,需要开瓶器,但是据我所知我们酒店西餐厅是不单独提供的,需要服务人员过来开瓶,且立马带走开瓶器,我解释了,客人很不耐烦地说,好吧好吧真是 low(低端)。第二,更大的难题,我们酒店的水疗房有部分是配置了播放器,音质效果很好,但是由于是几年前装修的,所以只是针对苹果 4 系列的手机,客人是苹果 6,于是要求我给她找一个苹果 4 的手机,这我作为服务员不可能做到,但是客人情绪很不稳定于是我说尽力试试,她很开心,最后我去客房部给她找了仅剩最后一个的苹果转换器,她很开心地给了我红包,但是后来她又打电话给经理投诉酒店了，原因是那个房间根本就没有音乐播放器，我根本没发现房间有还是没有，而且我也不知道我们酒店是一部分房间有的，她只是问我有没有苹果4，这件事后来经理去协调了，我不知道是什么方式，听说是赠送了红酒。第三个要求，在我出门时，客人突然说能不能帮她把她带来的那些东西加热，于是我回复客人说要稍等，我确认一下，问过西餐厅说可以，但是我很粗心只是问餐饮部同事可不可以加热，他们说可以，然后我带着客人的食物去了西餐厅，但是他们告知要客人亲自过来填写免责单，不可以代写，于是我打回电话给客人房间，客人很气愤，说我明明答应了的，又这么麻烦，她从房间过来那么远，最后又打电话给经理投诉，经理亲自送了她们的食物加上赠送的点心和水果过去致以歉意。

【评析】

　　本案例中，主要是在安抚客人情绪方面和考虑酒店实际情况方面出了问题，特别是在我们没有经过培训又刚上任不久的情况下，首先为了安抚客人情绪不造成投诉，我们应该答应客人合理的要求解决客人的问题，但是如果与酒店的实际情况不符合就不应该给客人希望，这样只会使结果更糟。

　　第一，本案例中，首先客人要求换房，那已经给了一个潜在的提示，客人的情绪很不满，所以在换房过程中一定要更积极周到仔细的服务，且要保证新房间没有原来房间的问题，这点是满足客人的。

　　第二，对于那个音频转换器，是我自己没有对客房内部的构成了解得那么详细，在客人询问我的时候也没有仔细观察，导致一波三折，我是因为首先考虑到客人情绪于是先答应她，但是却忘记了自己的立场，先判断能不能答应客人的要求，没有处理好，最后是值班经理解决的。

　　第三，在帮客人答应说要加热食物的时候，我首先考虑到客人的情绪，已经那么不好，肯定先答应下来，结果也是我经验不足，我只是问西餐厅可不可以加热，却没有想到这种私人的东西会不会要本人亲自确认，因为从酒店利益出发不会承担这种风险，导致后来客人又很不情愿地从客房来到西餐厅签字拿东西，情绪已经是相当的不满意。

　　在这种案例中，客人一般很挑剔，在一点点不满意的情况下就会想到投诉，这就要求直接由值班经理出面解决。经理的原则很简单，酒店没有的就是没有的，不能私自答应客人，但是对于酒店没有满足好客人的，经理会另外补偿，比如本案例中，先是送了红酒，再后来因为食物加热事件送了点心和水果，让客人品尝美味，再在以后的服务中更贴心，补偿客人心中的不满。

案例分析 39：如何给客人额外的惊喜体验

周末一般都是酒店比较繁忙的时候,特别是 B 班当值的同事,晚上开放惠林温泉得来回接送,而且别墅客人也需要照顾到位。我在大堂看到一对夫妇匆忙的走向门口,心想肯定有什么急事,于是我先一步跑向门口外把电瓶车开出来停好等他们,他们一出来就笑着坐上来,女士说着:运气挺好,出来就有车坐。我微笑了一下,没解释什么,到了停车场他们要上车找东西,于是我把车停靠在旁边等他们,看见他们来回走动着,过程中我好像听到什么东西掉地上的声音,但是不确定是不是女士的高跟鞋声音,他们自己完全没反应的,他们找到东西上车准备走,我还是很细心地问了句:"请问刚才没掉什么东西吗,我听到好像掉东西了?"客人说:"没有啊,走吧走吧。"但是我还是不太放心,于是我叫了在那里当值的保安大哥借一下电筒,我跑下去跪在地上把电筒射向旁边车底下,于是真的看见一部手机躺在那里,我爬进去捡起来归还给客人,客人真的喜出望外又有些自责,一路上说着感谢的话,又夸我心地善良,为人细心,还问了我的名字。后来,晚些时候,我看到他们穿着浴袍来到大堂,我猜想应该是去惠林温泉,于是又提前把车开出来做好准备,他们一上车看是我说:"怎么还是你,你怎么知道我们要去的?'我回答说,仔细观察便会知道,为了更方便您。最后我看到客人满意的微笑。

【评析】

本案例中主要描述了怎么给客人更意想不到更贴心更周到的服务,让客人对本次住店打更高的分数,让客人在本酒店的体验更加惊喜。

第一,我观察到客人匆忙的神情,应该比较急,不应该让客人等待,就提前停好车,客人直接上车,但是不炫耀自己的服务,让客人感到舒服便是。

第二,在客人焦急寻找东西的过程中,他们没有留意到的情况,只要我们细心便可以留意到,应该是有东西掉地上了,不管有没有,也要试试,不让客人损失利益,增添客人的烦恼,最后果然让客人感到很惊喜。

第三,在客人已经对你好感有加的份上,不过分骄傲,仍然是细心有礼的服务,便会赢得顾客的心,让客人对你的服务,对酒店文化的评价更上一个阶梯。

其实在酒店很多服务的过程中,我们很轻易就可以给到客人惊喜的额外体验,只需要用心细心的观察,加上周到礼貌的服务,站在客人的立场去想问题,正如我们酒店的宗旨——做客人喜爱的杰出酒店。

案例分析 40：房价报错了？

晚上有位女客人致电过来宾客服务中心说要订房，话务员小周问清楚客人是个人订房后给客人转接到了该酒店的全球订房热线。谁知过了 20 分钟左右，客人再次致电过来，还是小周接的电话，客人问我们的投诉电话是多少，她要投诉我们：订房时 2 次致电过去所报价格居然不一样，而且还相差 1000 多块。小周也跟客人一样觉得很不解。但是一听到客人说要投诉就很慌张，于是小周就跟客人解释说：可能是我们的同事将房价弄错了，并且不停地致歉，并主动建议将电话转接到前台让她问询房价（因为前台的价格跟酒店全球订房中心的房价是一样的）。但这让客人更不解更不耐烦了，话务员小周不知道该怎么办了，只好把电话转去前台，让前台同事给客人答复。因为总机是不能给客人订房的，订房方面的事情也只有前台、酒店内部预订部、销售部、酒店全球订房中心比较了解。

最后前台主管以较低的价格给客人定好了房间并跟客人解释清楚了这件事情。事后小周了解到：客人订房的时候是有很多种价格的，当客人接受不了其中一种相对贵一点的价格，可以给客人再报另外一种相对便宜的价格。

【评析】

本案例中是由于订房中心的预订员所报房价不同并且相差金额较大而引起的纠纷，其实仅仅是一个误会，酒店方解释清楚就可以了。

第一，当客人说要投诉的时候，话务员小周不应该立马就慌张了，需要先了解清楚客人是因为什么事情投诉，认真倾听客人的怨言，毕竟投诉酒店的天天都有。

第二，对于给客人造成的困扰小周不能一味地致歉，这只会让客人更加反感。道歉是需要的，只是适度就好，为客人解释清楚并提供解决方案才是有效的办法。

第三，关于订房的问题，小周并不了解却妄自猜测并向客人提供不准确的答案。

第四，话务员涉及到酒店各方面的相关事宜，应该对其进行相关的培训，而作为话务员本身就应该熟悉各部门的运作，不懂就要去问，而不是妄自猜测，提供不准确的答案。

前台主管给客人订较低价格的房间，并解释清楚，打消了客人的疑虑，提高了客人对酒店的信用度。

案例分析 41："女王"在酒店发生的事

"××女王"团队驾临某酒店了，这是一个美容公司组织的一次活动，参与活动邀请的都是些少妇美女，穿着打扮都光鲜亮丽，从大堂走过亮瞎人的双眼，特别是穿着水晶鞋的一双双美腿，让人大饱眼福，让工作中的员工也更有热情，我整个人也轻飘飘的。

这时候，前面的女士好像遇到了麻烦，她在东张西望的，好像在寻找东西，经过一番沟通，才知道她鞋子上装饰的鞋花掉了，剩下的那朵鞋花感觉孤零零的，发出微弱的白光，上面镶缀着碎石，非常美丽，客人在路上听到一对母女说小女孩在大堂捡到一个鞋花，放在大堂的桌子上，而她发现自己丢了一个鞋花，因此到大堂这里看看。我非常乐意地带她到大堂的各个领域去翻找，忙活了一通，还是没有找着，而她也赶时间参加"××女王"的活动，于是我告诉她我会继续帮忙寻找，如果找到了会通知她来前台拿，请她到前台登记一下信息以便联系。

最后，一个同事在一个桌子边缘看到了，前台通知客人来拿，刚好客人赶过来的时候碰到我，她显得非常开心，我也诚心诚意的告诉她已经找到了鞋花，并祝她生活愉快。最后她在前台那里留下了 30 元，说是感谢我们这么热心的帮她，这是奖励给找到鞋花的那个人的。

【评析】

本案例中写的是一件非常小的事情，在指定范围帮助客人找回东西。于客人来说，鞋花可能可有可无，甚至只是想看看在不在，不在可能就算了。但是胜在酒店的员工那么主动热心的帮忙，暂时找不到也不放弃，还非常有责任心的主动帮助客人登记信息，以及找到后及时的通知她。员工对客人的事情非常重视，而不是敷衍了事，最后客人能够不耽误时间参加活动也体现了员工对客人的体贴。客人的鞋花可能并不值 30 元，但是从她奖励 30 元的行为中我们可以知道这位女士是非常满意我们的服务的。这件小事可能会让客人提高对我们酒店的评价，体现了酒店五星级的贴心服务，做到了：伴您左右。

鉴于此，客人丢东西或者漏拿东西是常事，酒店可以在大堂设一个失物招领处，客人捡到东西能够有个地方放置，客人丢了的东西可以到那里寻找，当然最重要的是要详细登记客人信息，以便联系客人，这样才能把这件事做得更好。

在酒店，让客人满意的服务往往体现在员工的行为上，不管是个人的，还是整体的，都需要做到主动积极，而且真心实意地为客人服务，，就像在这里，"客人就是女王"。酒店的资源配置可以有所欠缺，但是不能欠缺尽其所能为客人解决问题的行动力，顾客的眼睛是雪亮的。

即使最后没有得到 30 元的奖励，但是帮助客人寻找的过程中却收获了客人满满的赞许也为酒店塑造了光辉形象。

案例分析 42：重视细节在工作中的重要性

5 月 15 日上午接到前厅部经理 Micheal 的电话叫我到 4 楼销售部办公室找他，我怀着忐忑不安的心情到达销售部办公室，在销售部两位总监和前厅部经理的监督下听了一段录音。

通过录音我了解到了这样的信息：4 月 17 日上午，洲际集团会务检查中心的检查人员拨打惠州皇冠假日酒店的电话进行会务检查。电话拨出去几秒钟后就接通了，接起电话的正是当时在上班的宾客服务中心工作人员 Vicky（就是我），按照接电话的服务标准我第一时间报出了完整清晰 Gretting（问候），询问来电客人的需求。会务检查人员就说明了自己想要咨询酒店会务的相关信息，我马上做出了回应并请客人在线上稍等马上为其转接会务组的工作人员。近下来有将近一分钟的时间录音里都只有电话转接过程中的嘟嘟声，期间还有两次切电话的声音，最后会务检察人员等待无果自己切断了电话。

由于会务组电话没有接通，导致了这次集团会务检查对皇冠假日酒店会务的评分为 0 的结果，在集团检查中出现了问题，酒店就要查找原因进行改进。销售部这边根本就没有任何依据可以查找出没有接电话的会务组同事，那么就只能根据我的电话记录本和酒店的电话记录系统进行查找。很遗憾的是，我在电话记录本上并没有记录转接了哪些电话号码，而电话记录系统是不会记录没有接通的电话信息的。最终，本是跟宾客服务中心没有什么大关联的会务检查，却以宾客服务中心和销售部会务组共同进行整顿而收场。

【评析】

在这次事件中接电话的我和没有接电话的会务组同事都有责任，但我认为更多的是会务组那边。通过一通电话，我也发现了很多问题：

1. 关于电话记录。在宾客服务中心的入职培训过程中，并没有一个详细标准的细则来规定电话记录的相关事宜，因此在大量记录电话信息的过程中一定会有疏漏。

2. 我在电话记录过程中不够仔细，不够注重细节。

3. 在电话转接过程中我并没有及时回复客人转接情况，而是把客人放在一边让其一味地等待。转接电话的 SOP（行业服务细节量化标准操作程序）在入职培训中并没有很详尽的培训。

4. 销售部会务组也缺少一个接电话的标准，比如在正常情况下响几声之内就要接起，没有及时接通的情况下要及时进行回复询问情况。

因此细节在很多时候发挥着重大的作用，不论是对个人、对部门、还是对集团。

案例分析43：发现问题实质，合理分配工作

起因：晚上快9点前台通知总机送水果，总机马上利用FCS(现场总线控制系统)系统发送信息告知楼层服务员送水果，在规定时间内楼层服务员修了单(表示任务完成)。不过在9点40分收到客人投诉说服务员未经允许擅自打开他房间的门。实际上是服务员延迟了半小时给客人送水果，按照SOP(行业服务细节量化标准操作程序)进行了敲门开门，但客人看到服务员未经允许开门就进行了投诉。

就因为上述起因，莫名其妙的本应该是前台核对分配水果的任务就交给了总机。然而总机在接手这项工作后反倒现了很多不合理的情况，原因如下：

a. 在Opera(操作系统)里隐藏了会员的，新加入会员但是没有录进Opera里的，入住行政楼层房间要续住的，总机都没有办法知道这些信息，因此这些房间会存在漏送水果的可能。

b. 总机在通知HSKP(客房部)送水果的整个过程中，只起到了一个信息中转的作用，前台完全可以自己发给HSKP群，没必要再通过我们发送。并且，信息经过二次转手会有出错的可能性，我们应该扼杀这种漏洞。

c. 前台发送水果的信息给HSKP，跟进的责任在HSKP那边，如有出现我们通知了但没有配送的情况，责任应该由HSKP承担。但是，前台发水果信息给总机，总机再通知HSKP，那么总机就要承担跟进落实的责任，经常会有发生客房说送了事实上没有送的情况。

d. 总机在每个时段跟前台核对信息的过程中，经常被前台忽视，根本无法进行信息核对。

最终这种不合理的工作安排在总机的争取下得到了解决。

客 户 部

案例分析 1：遗留物事宜

正月初七入住正月初八退房的 9809 房客人在正月初九打电话来寻找遗留物——一条名牌男士领带，我便查看每日遗留物登记本，并没有 9809 房的男士领带，心想是昨天退房的，就不用让服务员去找了，随后告知了客人。

正月十一服务员发现 9809 房有一条男士领带遗留。因为过年期间人手不足，对于没有预订的房间可能会甩房。而 9809 房在正月初八退房时，服务员没有进行查房，一直到了正月十一有预订时才安排人员清洁房间。服务员清洁房间时在衣柜底下发现这条男士领带。当时助理管家让我先跟大堂副理说，由大堂副理去跟客人沟通。

客人非常生气并且在酒店网站上做了评价，认为是酒店员工贪图小便宜，捡到客人东西后占为己有，事后被发现才把遗留物交出来。虽然员工并不是像客人所说的那样，但是是因为我们工作的疏忽，才引起客人不满的。最后酒店向客人表示歉意，并把领带邮寄给客人。鉴于我是刚入职的实习生，缺少培训，很多东西不清楚流程，部门领导表示以后会加强培训。

【评析】

本案例中，由于酒店员工的疏忽造成了客人的不满，下面来说说其中的问题。

第一点，工作人员在这之中是要负很大一部分责任的，在客人回来寻找遗留物的时候，工作人员觉得该客人不是当日退房的，故只查看了每日遗留物登记本，也没有询问客人是否记得领带是大概放在什么位置。当客人提到遗留物是一条名牌领带时，工作人员并没有引起重视，对于比较贵重的遗留物也是应该通知到部门领导以及大堂副理的。工作人员也没有按照客人寻找遗留物流程走，如果工作人员有通知服务员对房间再仔细检查一遍，可能就不会造成这样的误会。如果是在服务员没有找到的情况下，还要通知主管，助力管家等。在确定没有找到的情况下，再告知客人。

第二点，服务员没有在客人退房时进行查房。客人退房时，查房是必要的，不管再麻烦这一步也是不可缺少的，这不仅是要保证酒店财产，查房不能只查客房消费品，或是客房内有没有遭到损坏,要按退房程序查退房,并要仔细检查的是否有客人遗留物品,并及时还给客人。

第三点,酒店方也存在责任。虽然是甩房,但是查房这个步骤还是不能省的。酒店对员工的培训不足,很多时候补救措施是有效的,但是如果在问题出现前就解决的话,这样就不需要补救了。所以对于新入职的员工是非常重要的,如果培训到位,可能就不会出现这次的投诉。

案例分析2:沟通的重要性

某一天早上,客房部文员按工作流程在 opera(操作)系统上查看并存档当日的美食团队房号和 VIP 信息,然后通知到相关区域的主管和服务员。下午文员接到宾客服务中心的电话得知:(1)5705 房客人称自己是美食团队的客人,反映房间并没有美食团酒水。(2)5709 房客人张先生反映 VIP 酒水跟上一次入住时不一样。我查看了早上保存的文档,5705 房并不是美食团预订的房号,5709 房当天是美食团预订,而现在系统上显示的5705 房客人确实是美食团队,5709 是 VIP。我通知服务员为 5705 房加美食酒水以及5709 房是 VIP,需要摆放 VIP 酒水。之后,我对比了一下早上保存的文档和现在系统上显示的美食团和 VIP 发现,早上预排给 5709 房的美食团队客人现在入住 5705,而预排给5611 房的 VIP 客人张先生现在住在 5709。但是前台却没有把这些变动通知到客房部,造成客人的不满,类似事件也是时有发生,还比如说客人退房,前台未把退房房号告知客房部,客房部未能去房间查房。客房部也应前厅部进行沟通,希望这些能避免的小错误尽量避免,这样才能为客人提供更好的服务。

【评析】

本案例中引起客人不满的根本原因就是前厅部与客房部没有进行很好的沟通。本来 5709 房是美食团队预定的,最后住的是本应入住 5611 房的 VIP 客人张先生。张先生对于酒店也有个疑虑,为什么跟上次入住的感觉差那么多,酒水也只是简单的雪碧、可乐、矿泉水,没有其他的依云水、啤酒、红牛、王老吉等等。这样给客人的感觉不好,客人会觉得酒店并没有把自己当成 VIP 客人,没有受到尊重。而美食团队的客人也疑惑为什么没有导游说的房间有汽水呢?

其实对于团队客人,VIP 客人或是有特殊要求的客人的房号如果有发生变动,前厅部应该及时通知到客房部,好让客房部做出相应的调整。很多时候可能会有一些不可抵抗的因素出现造成前台需要重新排房,比如说房间有比较大的工程造成无法住客,或是客人对于房型、位置提出要求更改房间,这些都没有关系,也不是我们所能控制的。但是如果有了这样一些变动,前厅部应该通知到客房部,两个部门作为一个大的团队,相互理解、沟通,这样才能协作共赢。

案例中还能看出另一个问题,客房文员只是在早上查看团队信息及 VIP 信息,如果文员在中午的时候也有去查看有没有哪些变动,这样就可以避免这些的问题。无论是对哪个部门而言,沟通都十分重要,多沟通,少出错。

案例分析 3:客人的遗留物

有一天早上,一个旅行团退房,导游到前台退房,楼层服务人员接到前台通知后到房间检查,发现客人的一件黄色上衣和白色裙子夹在白色被子里,客人没发现。楼层服务人员马上打电话通知了前台,然后迅速把衣服拿到了前台,在前台做好记录之后回到工作间写好交班记录。因为赶着回去打扫房间,也和那个前台小姐比较熟,楼层服务员写好前台记录之后就没有让前台小姐签名,前台工作人员也没打开看里面是什么而是直接收到了桌子上,等导游来的时候直接交给了他。没过多久,客人又跑到前台来要东西,前台又来找客房服务员。客房服务员肯定地说东西已经交到了前台,客人大发脾气,说让整个旅行团的人都陪她倒回来拿衣服,浪费了大家时间,这种事情查房的时候为什么没有发现。到前台一查,查不到记录,客人的东西也没找到。之前接过衣服那个前台人员可能害怕担责任,也坚持说没拿。楼层服务人员找到保安部要求调监控,不凑巧的是,监控刚好坏了。正不知道如何处理的时候另一个导游打电话说衣服在她手里,前台递给他了。虽然事情最后解决了,但是前台和客房的关系也变得很尴尬。

【评析】

1. 在酒店客房范围内发现任何遗留物品应立即致电客房中心,无论是否是贵重物品,都应交客房中心登记并保管。

2. 如在客人退房时发现房间内有遗留物,应第一时间通知前台告知客人有遗留物品,让楼层服务员及时送至前台。

3. 在楼层交接遗留物的时候一定要作好遗留物的领取记录,签名确认。

4. 在客人已经离店或未清楚遗失物品失主时,需将物品交与客房部存放,并做好交接班,签名确认。

5. 若有客人遗留物品,而客人已经离店,服务中心登记内容物品特征(颜色、尺寸、数量等)、拾获时间、地点、拾获者姓名、所属部门。若客人回酒店询问是否有遗留物品时,由客房部还有前台共同处理。

7. 食品药品做好记录,存放三天后如无人认领就扔掉。如是客人领取物品,必须在失物招领卡上填写有效证件号码或是可以联系的到的电话号码。

8. 遗留物品若是衣物时,应将衣物整理之后文员再做保存。

9.发放遗留物品时,必须由服务中心文员与楼层主管进行帐务核对后,再进行发放。遗留物品超过三个月无人认领时,就转发给物品的拾到人;贵重物品超过六个月以后无人认领的,由总经理按酒店业惯例适当安排处理,并在失物招领记录相关人签字。

同时也要清楚地认识到酒店业是一个很需要团队精神的行业,任何一位客人需要的服务都不可能由一个人帮他完成。从客人订房的那一刻开始,我们就开始为他服务,从预定、接待、入住、餐饮康乐到退房离开,哪一项都离不开各部门的沟通与合作,部门之间更应该相互理解,相互配合。

案例分析4:撒谎的客人

有一天快下班的时候,突然接到前台电话通知说客人临时要换房间,我就通知楼层服务员到房间查房。检查之后发现房间里面高脚杯少了一个。我马上打电话报给前台,客人说是里面有泡的东西没喝完带到新房间里去了,最后退房的时候会还回来。因为客人还没退房,楼层工作人员也没在意。领班检查清洁的时候,肯定地说:"这个客人一定是把杯子摔坏了。"因为这个客人之前已经在酒店住了一个星期,前两天也要求换房间,杯子也少了一个。领班让我马上到客人新房间去把杯子拿回来,看客人怎么说。我到客人房间说明了情况(每个房间杯子数量是一样的,房间很可能马上就要被放出去,有新客人马上要入住)。这个客人就是不给我,还说这么大个酒店连多余的杯子都没有吗。我就顶了一句:"要是把杯子摔碎了赔不就完了,拖着算个什么事儿啊。"客人听到这话就开始不依不饶,硬要我把话说清楚。最后还是领班来了,和客人磨了半天,客人才承认确实是把杯子摔碎了,记在账上,和房费一起结。

【评析】

处理客人损坏酒店物品时,应该:

1.当值主管、领班应亲自检查被损物品,与客人核实情况。

2.查阅被损物品的赔偿价格。

3.索赔,直接与客人联系,有礼貌地讲明酒店制度并要求赔偿。

4.如果客人坚持不赔偿,向损害者表明酒店将保留其索赔的权利,或即时判断赔偿金额付现金,或打入房账并填写赔偿单。

在遇到不讲理的客人时,应该:

1.耐心解释,即使受了一点委屈也不要与之争辩。

2.在不影响其他客人的情况下尽力忍耐,耐心索赔。

3.要给他们更好的服务,用更优质的服务打动他们。

4.客人有不对之处,不能当面点破,给他们留余地,有台阶下。

5.讲究策略以理服人,讲技巧,摆事实。

6.处理问题一定要耐心,不能和客人发生争吵或不愉快,让事情变僵。

7.要坚持原则,维护酒店的利益。

8.对待他们要打起 12 万分的精神,避免客人投诉。

9.始终保持微笑。

10.耐心倾听,切不可以一种厌烦的态度对待客人。

虽然现在已经把"顾客就是上帝"、"顾客说什么都是对的"这种想法淘汰了。但是顾客入住酒店之后,不管是服务还是感受都应该得到最好的满足。酒店工作人员在与客人交流的过程中应该注意语言的艺术,不要和客人起正面冲突。

案例分析 5:团队合作的重要性

某日,2022 房的客人外出回到房间,看到房间仍旧乱七八糟,生气地打电话到管家部:"我早上就打电话通知你们打扫房间,怎么到现在都没人来清洁,五星级酒店就是这样的工作效率吗?"文员连忙向客人表示歉意并向主管报告了情况。主管将打扫房间的事情安排完毕之后,对客人投诉进行了调查。原来早上客人曾经打过电话要求清理房间,文员在接到电话之后通知了 20 楼服务员小霞,由于不是小霞打扫这间房,应该打扫 2022 房的娥姐去了 19 楼,小霞收到通知后,又告知 19 楼的另一名服务员璐姐,让他去通知娥姐马上去打扫 2022 房。可是璐姐去找娥姐时,娥姐吃饭去了,璐姐没有找到人,也没及时回复小霞。三名服务员都没有想到 2022 房一直没有人去打扫,两个半小时过去了,客人回来了,于是发生了之前客人投诉的一幕。

【评析】

每个服务员每天都有自己定量的清洁房间数,但并不代表要清洁的房间一定要由本人去完成而不能调换。在没有特殊情况时,服务员可以按照工作安排完成自己的房间数。但是在特殊的情况下,服务员之间应该具有团队合作精神和高度的责任心,永远把客人的要求摆在第一位,灵活应变进行处理。同时,员工之间的沟通与反馈也非常重要,这个案例就体现了沟通上的问题。真正良好的沟通应把每项工作都落到实处,这是每个员工必须具备的工作素质。

案例分析6：随机应变和规范操作一样重要

客房中心文员接到一位客人的电话，要求提供擦鞋服务，文员按要求告知了楼层服务员芬姐，芬姐接到服务信息，以最快的速度赶到房间门口，但门口却亮着"请勿打扰"灯（即"DND"）。当时芬姐的第一反应是不可以敲门入内，必须按照服务程序打电话进房征得客人同意后方可进入。于是芬姐赶紧到工作间打电话到房间，但听到的是忙音，看来客人在用电话，芬姐不停地向客房内打电话，但始终不能接通，不一会儿3分钟的服务时限过去了。

10分钟后，芬姐接到客房中心的跟催电话："客人已经发火了，责问我们为什么还没有人过去。"接到电话的芬姐满腹委屈："他房门打着DND灯，电话又打不进去，该怎么办啊？没办法了，只能敲门了。"于是芬姐再次来到房门口，怯生生地敲开了房门，开门的是一位面有愠色的女宾，"为什么这么慢？我的鞋脏了，待会儿要参加宴会，快点！""我刚才来过了，因为您打DND，而且电话也打不进来，所以来晚了。"芬姐大致说明了一下原因。

"什么DND？电话我们在用，那你为什么不敲门啊？快点，我赶着出门。"芬姐还想说明点什么，但看到客人焦急的样子，马上为客人提供了擦鞋服务。

【评析】

"变化往往快于计划"，这是在饭店服务中经常出现的现象。"计划"指的是规范的服务程序以及提供的规范服务，在这个案例中反映出规范服务有时会有局限性，不能让客人满意。我们把饭店服务分为规范服务、细节服务、个性服务三个阶段，这三个阶段的服务都要求把握一个服务的灵活性。以规范服务为例，就要求员工在提供服务时把握在规范基础上的灵活，在灵活的前提下规范的标准。对照此标准，上述案例的服务是不到位的。服务员虽然坚持了规范服务，在勿扰灯亮着的情况下打电话询问，不打扰客人，但在长时间未接通的情形下不能灵活采取其他解决的办法，如敲门并说明原因、向领班寻求帮助、向前台查询客人其他的联系方式（不提倡用卡片形式知会），最后导致客人不满意。所以说不论饭店服务处于哪个阶段，服务的灵活性不可忽视，在日常培训中也要经常强调。另外在与客人对话时不能使用客人不明白的饭店专用术语也是需要注意的。

案例分析7：低级错误

有一次，做房的时候，我犯了一个低级错误。那个时候酒店很忙，我要跑楼层，当时那层楼有三个人跑，每层楼只有两把钥匙，我只有一间房在那层楼，其他两个同事都有几间房(备注:其实这种情况是可以拿总卡的,但是由于太忙了,总卡也被别人拿走了,我只跑一间房,也没必要拿总卡),我要做那间房的时候,再去跟她们其中一个人拿钥匙就可以了。

那间房是续住房,我在我那层楼(我是负责21楼的)的续住房做完之后,我就赶紧去做那间房。我借来了钥匙,原本打算做完房再还回去的,但是我才刚开始做那个同事就过来要钥匙了,她说她做到一半就不小心把门关上了,我就把钥匙给了她,但是我的也没做好,我怕像她那样,做到一半又要去跟她拿,这样跑来跑去的多耽误时间啊,我就把门反锁钮打开,这样门就关不上了。我那时还一直想着做完房之后一定要关好门,但是我着急着要去做剩下的房,就把这事给忘了,随手一拉门就走了,也没有检查房门是否关好。

由于反锁钮打开了,房门是没有关上的,一推就开了。直到主管来查房的时候发现了,找到了我,跟我说了,我才想起来。她把我批评了一顿,并且强调这件事情的严重性,她说:"如果出了什么问题,你承担得起码?"

虽然这次的失误没有造成严重的后果,但是从那以后,我更加小心谨慎了。

【评析】

在本案例中,没有关好房门,看起来好像是一件很小的事情,但是这可能带来很严重的后果,小则引起客人的不满与投诉,大则可能会给客人带来人身财产安全问题。在这个事件中,先不说客人的人身财产安全问题,假如主管没有及时发现,客人回来之后发现房门没有关好肯定是会不满的,甚至会投诉。如果客人丢了什么东西,特别是贵重物品,不管是什么原因丢失的,首先第一个都会找我;如果真的是因为没有关好房门而遭到偷窃,我就应该承担主要责任。

客人住进酒店之后,这间房就成了客人的私人空间,客人对于房间会显得比较敏感,当我们没有把房门关好时,可能客人就会感觉隐私受到了侵犯。作为酒店的员工都有义务尊重和保护客人的隐私,所以不管是打扫房间还是送客服务时,都要敲门,再三确认后才能进去。保证每一间房门都关好,更是每一位客房服务员的职责所在,这也是对客人的尊重和负责,因为客房不像餐厅或者其他公共区域,这是属于客人在酒店的私人空间。

从这个事件中,我感觉细心真的很重要。平时我们可能会因为一心想要做快一点而忽略了一些细节,这些细节在你看来也许微不足道,但是客人并不是这样想的。其实很多客人都会注意细节的,从他们的心理来看,他认为他花了那么多钱来住酒店,就应该得到相应价值的服务。所以每一个工作环节都要严格要求,为客人提供细致的高质量服务,让客人感觉这个钱花得值了!

案例分析 8：不规范操作

在酒店实习的时候，经验丰富的大姐就经常告诉我："你看到客人把行李拉走了，就可以去查房了，查完没问题就可以做了。"那时我就很疑惑："文员没有报退可以做吗？万一有什么事怎么办？"虽然有点担心，但是我还是这样做过几次，因为有时候客人退房退得很晚，没房做，为了早点做完，只能这样。但是，那件事发生之后我就再也不敢这样做了。

有一次，一个同事像往常一样，正当她在为没房做而发愁的时候，有一间房的客人拉着行李走了，她就进去查房，看到房间是三无，即：没客人，没行李，没消费。此时，客人还没有退房，但是她就开始做房了。她把床单被套撤了之后，她发现床和床头柜之间的缝隙有一根烟头，她就感觉不对劲，仔细一看，发现床裙烧破了一个大烟洞，她把情况如实报给文员，文员说："客人还没退房啊，你怎么就开始做了呢？"

过了没多久，客人回到房间，看到床单被套都被撤了，房间看起来乱糟糟的，他就很生气，找来客房服务员责问："这是怎么回事？"那个同事就解释说："我看到你把行李拉走了，我就以为你退房了，我就来打扫，"她指着床裙说："没想到这里烧破了一个烟洞。"客人听完就更加生气了，那个同事觉得理亏，就打电话给主管请求帮助。主管来了，客人就骂道："你们这是什么意思？我都还没退房，就把我的床单被套撤了，是不是要赶我走？主管弄清情况之后，她先向客人道歉，然后就向客人解释说明损坏房间物品是应该赔偿的，客人听了之后就大发雷霆："你怎么知道是我？什么时候烧破的都不知道！你们这是什么酒店！我要向你们经理投诉！"

【评析】

客人损坏酒店物品，向客人索赔，一般酒店都是这样做的。但是在本案例中，酒店最终妥协了，没有让客人赔偿。原本是客人不小心烧破床裙，但是就因为客房服务员没有按照标准流程来做，客人还没退房就撤床单被套，破坏了现场，酒店失去了向客人索赔的证据，让客人占了理，客人不但不承认，反而还投诉服务员的行为，原本是客人的错误变成了酒店的错误，这样酒店不但不能向客人索赔，反而要向客人道歉，因为客人永远都是对的。

有一种情况，客人没退房是可以去查房的，就是：过了中午客人还没退房，文员让查房态，但仅仅是查房态而已，不能随便乱动房间里的东西。一般情况下，文员报退房时，才可以去查房，要及时去查，以防有消费或损坏房间物品客人跑了。如果发现房间有异常，要立刻报给文员，文员再报给前台，由前台跟客人沟通解决。查房时一定要仔细，发现问题，及时上报，不能乱动房间里的东西，保持原状，这样才可以避免造成酒店不必要的损失。

在实际工作中,客房服务员应该严格按照标准流程来做,酒店规定这样的流程也是有道理的。如果按照流程来做,房间有损坏,耐心地向客人解释,一般情况下,客人也是会理解的。如果遇到不讲道理的客人,实在不愿意赔偿的话,本着"顾客第一"的原则,也是可以酌情处理的,这样有利于为酒店赢得回头客,酒店不能为了眼前的利益而失去长远的利益。

此外,培养员工的服务意识也是很重要的。本案例中,可以看出服务员和主管跟客人的沟通方式是有问题的。酒店应该培养员工的服务意识,注意与客人的沟通方式,正确处理客人的投诉,给客人留下好的印象。

案例分析9:帮客人找遗失物品

今天上行政酒廊班,本是9点下班,但由于山顶温泉缺人值班,所以值班经理让我9点之后上去顶岗两个小时。当我刚上到山顶温泉,值班经理就打电话说不用了。准备走的时候,温泉池旁一个香港女客人问我会不会讲白话,我说会。她很开心然后很急切地跟我说她现在才想起来下午5点多在室内泳池那边落下了两个新买的泳帽还有水杯,问我要怎么找到。我就先安慰客人说如果是我们的清洁人员或健体同事拿到是一定会帮您先保存起来的,请不用担心。然后我就马上打电话到总机,让总机同事打电话给健体的同事到更衣室看看有没有客人落下的东西。然后总机同事就说是不是确认后直接打电话到客人房间就好了,但客人很急,就说不要打到房间,要马上回复过来,于是我就跟客人一起在山顶温泉那里等电话。但可能是那天比较忙,总机同事迟迟未回电话,我就又打了一个电话。总机同事回复我说健体同事没看到办公室有交接的东西,而且刚好值班的是男同事不方便进去女更衣室找。客人听到没有找到就更着急了,然后我就跟她说带她去泳池那边找。到了泳池那边,客人就先进更衣室找,我就到健体前台那里问,然后在前台旁边找到一个小袋子,里边正装着两个泳帽和水杯,我就拿着去跟客人确认,客人说就是这个,很感谢,说居然还能找回来,然后还道歉说耽误了我下班的时间,接着我带她回山顶温泉后就下班了。

【评析】

①客人在山顶温泉时想起物品丢失,但由于山顶温泉的工作人员听不懂白话,所以造成语言沟通障碍,无法帮助客人。由此可见,酒店可以对少数不懂白话的员工进行培训,满足部分香港客人的基本需求。

②客人到晚上才想起下午在泳池的东西没带回房间,时间太久,酒店人杂,担心物品早已丢失,所以很着急。这时便应当先安抚客人情绪,再马上联络相关工作部门,帮忙一

起解决问题,让客人感受到我们对他的重视,而这也是服务补救的体现。

③等待电话回复时间过长,可能是当天入住率过高的因素,总机同事不能及时回复。还有健体那边只有一个男同事在值班,不方便进入女更衣室,健体人员的紧缺与运作的不灵活也是问题之一。

④当总机同事那边说没找到,客人肯定更着急,想自己去找了。所以我就带客人到泳池,一路跟她聊天,让她的心情平和一些。

⑤去泳池的路上一直在跟客人聊天,客人说有我在陪她就不用担心迷路了,因为酒店很大。她还说很多人都听不懂她讲什么,很开心有人可以跟她讲白话,觉得很亲切。

⑥找到东西后客人很高兴,我怕客人回去迷路,所以带她回山顶温泉后才下班,客人很满意,一直说服务态度很好。所以,从这件事情,我意识到服务补救的重要性,当客人遇到问题时,要学会换位思考,设身处地地为客人考虑,提供高效优质的服务,帮助客人顺利地解决问题。

案例分析 10:是否该为客人包扎?

今天上中班,晚上大概 11 点的时候值班经理说要让我帮个忙,说有个客人的小孩子下午在泳池池壁上弄到了脚,流血了,但一直没人去关心,客人可能觉得受到了忽视,要酒店叫医生过去给他看。但酒店的医生刚好都不在,护士也没有,所以打算让我假扮一下护士,去给他包扎。我当时犹豫了一下但还是答应了。然后经理让我把工牌摘了,到总机拿医药箱,跟着他过去客人房间。到了房间,经理就介绍我是酒店的护士,然后正要消毒的时候,果真客人就问起了医生执照的事,否则不给消毒。经理就说涉及员工隐私不可以拿,如果客人不放心,可以带客人到医院为小孩进行检查。但客人就是不想去医院,一直在纠缠医生执照的事,纠缠无果后我跟经理不得已就先离开了客人的房间。然后十一点半我就下班了。但半小时后经理就打电话让我和副总监陪客人去医院。到了医院,副总监说他不方便出面,所以是我跟客人直接沟通,带小孩看医生。其实小孩没什么大碍,消了毒就回去了。到了酒店,我们就跟客人道了歉,客人看起来情绪也好一点了,然后就抱着小孩回房间了。

【评析】

①首先,客人的小孩从下午在泳池里刮伤脚趾,但一直到晚上酒店都无人问津,客人肯定很生气,对我们的服务质量深感不满,觉得不受重视。

②酒店刚好是节假日期间,医生护士却都放了假,而酒店只有一个医生和一个护士,所以人员紧张,特别是节假日,入住客人多,如果这时候没有医生在岗,势必会影响客人突发状况的救助需求。所以,为了不让客人对服务标准、设备产生怀疑,经理让我去假扮

护士,他可能觉得小孩的问题应该不大,就让我过去,尽快处理客人的问题。但我觉得在这件事上我做错了,没有医生执照却擅自行医,万一出了问题要承担很大责任。并且,我作为一个实习生,不应该做事如此不加考虑。

③到了客人房间,客人还是问起了医生执照的事,显然客人已经看出了破绽,一直在问责,而经理用员工隐私的理由也搪塞不了,让客人去医院客人也不想去,可以看出此时客人最气愤的点是酒店的态度,这个客人还是VIP,对于酒店的品牌服务质量有着自己的期望值,而酒店对于这件事的处理,显然会让客人对酒店有所失望。所以,僵持无果,我们也就先离开了客人的房间。

案例分析 11:到底是谁的错

一天中午,惠州某酒店普通楼层的客人从外面回到饭店,进到客房内,发现客房的卫生还没有打扫。客人有些不满意地找到了乐意服务中心说:"我都出去半天了,怎么还没有给我的房间打扫卫生?"乐意服务中心服务员联系客房部后对客人解释:"您出去的时候没有将'请即打扫'的牌子挂在门外。"客人说:"看来倒是我的责任了。那么现在就打扫卫生吧,过一会儿我还要休息。"于是,乐意服务中心马上联系客房部让其马上为2972房间打扫卫生。

第二天早晨,客人从房间出去时,把"请即打扫"的牌子挂在了门外的把手上。中午客人回来后,客房卫生仍然没有打扫。这位客人又找到乐意服务中心说:"昨天中午我回来的时候我的房间还没有清扫,你说是因为我出去的时候没有把'请即打扫'的牌子挂上,今天我出去时把牌子挂上了,可是我现在回来了,还是没搞卫生。这又是什么原因呢?"这名服务员又用其他的理由解释,说什么:一名服务员一天要清扫十几间房,得一间一间的清扫,由于比较忙,没注意到挂了"请即打扫"的牌子……客人问:"你工作忙,跟我有什么关系,挂'请即打扫'的牌子还有什么意义?"服务员还要向客人解释。客人直接挂了电话,找到值班经理投诉。

【评析】

在这个案例中,服务员之所以遭到客人投诉,主要有以下几个原因:

第一,客人前一天找到服务员,问他为什么没有搞卫生,服务员的回答就存在问题。服务员应先向客人表示歉意并及时清扫,还应告知客人"明天我们一定尽早给您清扫房间",并应及时通知领班做好记录,以便及时跟进落实,避免第二天同样情况再次出现。而不应该说是客人出去时没有把"请即打扫"的牌子挂在门上。如果这样说了,那就表示自己没有责任了,反而倒成了客人的责任。其实客人挂牌与不挂牌,只是清扫的先后与急缓不同。但除确认客人上午出去后,中午不会回房外,服务员是应当在中午前将房间清扫完毕的。

第二，服务员在工作中没有按照规定的工作程序操作。服务员在每天早晨开始工作时，应首先了解住客情况，检查有无挂"请即打扫"牌子的房间，以确定客房的清扫顺序。从第二天的情况看，服务员根本没有按照工作程序操作，只是按房间顺序清扫，自己工作起来方便。另外，跟客人讲自己一天负责清扫多少间房子，要一间一间的清扫，就更是没有道理，那不关客人的事。如果这是理由，不管有什么情况都是按自己的方法一间一间的清扫，那么客人提出的要求和"请即打扫"的牌子以及工作程序就失去作用了。

第三，服务员在任何时候都不要将责任推给客人，客人并不想知道你的原因，他们要的是你的行动和结果。否则客人会因此失去对饭店的信任。如果说服务员第一天不知道，那么，是自己告诉客人挂上牌子，第二天客人挂了牌子而服务员依然不去理睬，说明服务员对客人说的话根本就没往心里去。客人的要求既没向领班汇报，也没有做记录，服务员是不负责任的。客人的感觉就是在敷衍，是对客人的戏弄。

从表面看，这名服务员说话的语气和方式存在问题，总是解释、强调自己的理由。其实关键是缺乏宾客意识。服务业是依靠顾客生存的，客人是服务员的衣食父母。不从根本上转变观念，类似的投诉会更多。在客人失去对饭店的信任后，饭店也就会失去客人。

案例分析12：水果何时送

7月26日，我按照中班的工作时间按时上班，在下午三点多的时候我接到35客房服务员的电话，询问816房间的水果现在可不可以送进去，客人打了DND（请勿打扰）。我在OPERA（操作）系统中查询了该房间客人的相关信息，发现该客人是TCL团队的客人，告诉他稍后回电话给他。此时，我拨通了816房间的电话，并用英语询问客人现在方不方便送水果进去，客人表示可以，但是如果再晚一点会更好，此时我询问了确切的时间，客人说两小时以后（此时已经四点了），于是我询问客人是不是下午6点，客人确认并表示感谢。后来我回电话给35客房服务员告知816房间的水果6点再送。此时同事问我816房间的水果不是四点送吗，于是她打电话给客房主管："不是已经说好了816房间4点送水果的吗，怎么又打电话来问，现在客人说6点再送。"后来我打电话问35客房服务员816送水果的事情，他说4点多的时候敲门进去送了，客人在睡觉，不知道有没有吵醒客人。然后我问他，水果有没有送进去，他表示没有送。我问他，不是跟你说了6点再送吗，他表示主管让他送的。我打电话告诉客房主管现在的情况，他表示他会处理这件事情。同时我们也把这件事告诉了值班经理。

虽然我们是出于好意送水果给客人的，但是却令客人不开心，这不是造成了反效果了吗?!

背景分析：7月份处于酒店的旺季阶段，在月底，我们酒店接受了许多团队预定，其中比较特殊的就是 TCL 的会议团队了。由于该团队的客人来自世界各个国家，大部分都是用英语交流的，所以我们总机就需要在这段时间格外注意了。我们把这个团队是当作 VIP 团队接待的，所以每个房间都有送一份 V1 欢迎水果（就是一个苹果、一个梨），以缓解长途跋涉导致的疲惫。

【评析】

虽然没有造成最坏的结果——客人不满导致投诉，但是我们仍旧要对此次事件进行反思。在此次案例中做的不完善的地方有：①我们总机在遇到特殊情况的时候要做好交接班，确保下个班次的工作人员更好地完成工作。在此次事件中，96 班的工作人员要告知中班 816 水果的详细情况，以便于后续跟进。②客房服务员的培训不到位。遇到这种客人要求出现变化的情况，应该主动向上级反应，询问该如何处理，同时要多问一句为什么，而不是主管说什么就是什么。③客房主管的处理方式不恰当。我们要遵循'客人就是上帝'的原则，站在客人的角度去考虑问题，为客人着想，从而使客人满意，体现酒店'先行一步，用心服务'的服务宗旨。在此次案例中做地比较好的地方有：①信息的传递。我们总机担任'信息的中转站'这样一个角色，接到客人的要求要马上通知相关人员去跟进，并且传递的信息要准确。②遇到特殊情况，我们要及时向上级反映，以便于后续处理跟进。

案例分析 13：充电器的问题

某天上午九、十点钟，我接到 921 客房赵先生的电话，客人需要一个 IPhone6 的充电器。此时，我们已经接到客房部同事的通知，IPhone6 和三星的充电器已经没有了。我便告知客人由于入住率较高，我们的充电器已经借完了，非常抱歉，但是如果我们有拿到客人退房还回来的 IPhone6 充电器，我们一定会第一时间送到客人的房间。客人没有说什么。我马上打电话询问客房办公室有没有客人退房还回来的 iPhone6 充电器，接线员表示没有。后来过了半个小时我又接到了 921 赵先生询问充电器的问题，我还是对客人表示了抱歉，这时客人就不高兴了，说"那我的手机现在没有电了，而且我马上就要退房了，手机没有电怎么办！"此时我想可能其他楼层应该有还回来的充电器，所以我就告诉客人，再带他咨询一下，有的话马上送到他的房间，并再次表示抱歉。挂断电话后，我再次打电话咨询客房办公室，依然得到了否定的回答，并且接线员也有点不高兴，"不是都跟你说没有了吗，怎么还打电话来问！"没有办法，我想，不能打电话跟客人讲我们还是没有充电器吧，客人肯定会发火的。最后，我准备打电话给所有当班的服务员，打到 19 楼服务员的时候终于得到肯定的回答，楼层服务员还疑惑，"你怎么知道我这里有的？"，我告诉她我是一个楼层一个楼层打电话问的,她表示很惊讶。不管如何,最后成功解决了这件事情。

背景分析:其实充电器问题是我从开始工作到现在都有的问题,我们也向上级反映过很多次,但是一直没有得到解决。还有客房服务员经常会忘记告诉我们充电器的情况,导致我们答应客人,却无法满足要求的情况出现。(我们把所有使用安卓系统手机的充电器统称为三星充电器,IPhone4s 及之前的苹果手机都可以使用 IPhone4 的充电器,IPhone5 及以上的苹果手机都可以使用 IPhone5 的充电器。)

【评析】

在此次案例中做得比较好的地方是:根据实际情况灵活处理,并且时刻把客人的要求放在第一位,站在客人的角度考虑问题。此次事件的顺利解决离不开灵活的处理方式。同时,在此次事件中我们也看到了一些需要解决的问题:①对于这种会经常出现的问题,酒店的管理层应该尽快想出对应的策略,而不是让问题摆在那里,让客人带着期待而来,却失望而归。难道真的要等到大的投诉出现再想解决办法吗?!②客房文员的态度问题。高星级卖点最大的就是服务,否则也不会收 15% 的服务费了。我们在工作中会积累许多来自客人的压力,如果员工之间不能互相理解,和气相处,那就可能造成服务质量的不稳定性。③客房部工作程序不完善。早班服务员在收到还回的充电器时,应要第一时间告诉客房办公室文员,文员做好统计后告诉我们,使我们知道充电器借用的最新情况,以免导致客人投诉情况的发生。

案例分析 14:明天就要穿的衣服

林先生于下午 5 点 20 分左右来到我们酒店办理入住,这时我帮忙接过行李,把他领到前台办理入住,在他办理入住的时候,我在他后面帮他看管行李。办完手续后,他有急事要出去,所以不上房间,他把行李箱交给我,让我帮他放到房间里去,我爽快地答应了,除此之外,他还从箱子里拿出了一袋子脏衣服,他说明天赶着要穿,让我帮他拿去酒店的洗衣房干洗,费用入到他房账,于是他就离开了酒店。我第一次遇到这种情况,印象中好像只要我帮他把衣服拿到洗衣房,并把他的房号告诉洗衣房的工作人员就可以了,于是我就含糊地答应了。这时问题来了,我上到房间问客房的阿姨才发现客人如果要洗衣,必须得填写一张洗衣单,里面可以选择一些洗衣的具体要求,而且最后还要得到客人的签名确认,只有满足这几个条件,洗衣房的工作人员才会接受这张洗衣单,而且洗衣房的工作人员也告知我洗衣房已经在下午 5 点 30 分的时候下班了。但是客人之所以那么紧急地要洗衣服务是因为他明天就要穿。我不知所措,暂时先把客人的脏衣服放回到客人的房间,并找我主管寻求解决问题的办法。

【评析】

现在我们面临的问题有四个：①洗衣房在客人把衣服递给我的时候已经不接收洗衣了。②我在不了解洗衣服务的情况下，轻易地答应客人的要求，客人并没有填写洗衣单，也没有签名确认。③客人这么着急把衣服让我拿去洗是因为他明天就要穿这些衣服。④客人已经离开饭店，我无法告知他关于洗衣服务的一些情况。主管也意识到问题有点棘手，目前最重要是我们要想办法与客人取得联系，把情况告诉客人，并为客人提供一些备选方案。幸运的是，客人在入住的时候有在前台留下他的联系方式，我们拨通了客人的电话，跟客人取得了联系，先对客人表达歉意，并告知他在他入住的时候洗衣房已经下班，而且洗衣也必须填写洗衣单并取得客人的签名确认。所幸客人对情况表示理解，并没有向我们发难。这时我们向客人提供了两个可行方案。①我们可以帮客人联系酒店附近的洗衣店，洗衣店上门收取洗衣，洗好后明天送还，费用由客人支付，这种方法会稍微增加我们的工作量。②我们酒店的洗衣房明天8点上班，客人可以回到房间填好洗衣单并签名确认好，选择明天早上的加急洗衣服务，洗衣将会在中午12点之前洗好，不过费用会比一般洗衣要贵，费用同样也是由客人支付。最后客人选择了第二种方式，也没有追究我们的责任。

这件案例的主要责任还是在我身上，虽然客人的做法有点随意。但我对酒店内部的洗衣服务不够了解，不知道洗衣房下午5点30下班，也不知道洗衣单一定要客人本人签名确认，没有及时把这两个情况告诉客人并委婉拒绝客人让我帮忙把衣服拿去洗的要求。主管的应急措施的确很值得我们学习，做事要遵循一定的原则，不能把自己在生活中乐于助人的特点随意带到工作中来，尤其是在对事情不了解的情况下轻易答应客人的要求，这样通常会好心干坏事，是一个专业酒店工作人员不专业的表现，也会为自己无故揽麻烦上身。还有一个问题就是我们这次采取内部解决的方式，因为事故较小，客人没有发难，所以我们就没有把事情报告给值班经理，我觉得我们给客人提供的备选方案中没有体现出酒店为客人承担后果的诚意，当然一方面也跟我们礼宾部的权力有关，我们没有权力帮客人减免干洗费用，所幸客人比较好沟通，没有追究责任。如果客人追究责任我们可以再跟值班经理商量更好的解决方案，所以灵活应变，视情况而定对于一个专业的酒店工作人员来说也是很重要的。

案例分析15：客房物品的添加

很多客人都喜欢选择节假日时带着家人出来游玩，而住在2213房的戴先生也不例外。当天晚上，戴先生为了让自己的小Baby睡得舒服一点，专门打电话来总机要一套婴儿的床上用品（小枕头和小被子）。而我当时并没有一口答应客人说有，只是让客人稍后等我们回电。当我打给客房部的时候,他们说今天节假日入住的客人很多,该添加的都已经添加了,已经没有了,剩下的都是预留给明天的客人的。在我再三求情下他们还是没有答应。而我只好委婉地拒绝戴先生了,戴先生听后很生气地说:"我刚刚在前台办理入住的时候,你们的员工说可以免费添加婴儿床的,我现在婴儿床就不要了,只要婴儿的枕头和被子就够了。是不是我添加婴儿床就有婴儿的床上用品呢? 客人一连串的问题,又看客人正在气头上,我只好回答戴先生让他稍等一会儿,让值班经理给他电话。值班经理向我了解完情况后,又打电话给客房部的同事,他们回答说说有是有,不过有一套用品已经脏了,不能加给客人。值班经理灵机一动,拿了个小枕芯上面铺了条毛巾,而小被子则用被套替代了,并向戴先生解释了一番,戴先生也乐意接受了。

【评析】

本案例中客人在办理入住时前台员工告知可以免费添加婴儿床,而总机和客房部的同事则回答已没有物品可以添加了,这一前一后的回答如此不一致,客人难免会生气,不过最后值班经理还是灵活地解决这件事情,可从中可以反映出以下几方面的问题:

1. 本案例中,值班经理的做法是正确的,我们要无时无刻秉着以客为本的理念,努力为客人解决所遇到的难题,让他们有一种宾至如归的感觉。

2. 而在节假日这种繁忙的情况下,各部门相互之间应做好沟通,及时了解情况,以免出现答应了客人的要求却做不到的情况,这种有失诚信的做法,会大大降低客人对酒店的满意程度,同时有损酒店的声誉。

3. 根据已往的节假日人流,各部门应该提前制定好应急方案,以应对大批量的客人。而部门内需要在节假日来临前做好人员的排班,以确保人手的充足,还有物资的清点和储备,尤其是客房部门,因为节假日接待的除了散客、家庭外、还有大批团队,所以客房物品的添加要充足。

4. 当员工遇到突发状况无法解决时,不要一开始就拒绝客人,首先应安抚客人的情绪,并告知客人我们会努力寻求解决的办法,并让客人稍等片刻,等候我们的回复。而员工应在尽可能短的时间内回复,以免客人以为不受重视被忽略了,自己实在不能解决的,应找主管或值班经理解决。

康体健身中心

案例分析 1：更衣柜钥匙

在健身中心，有男、女更衣室提供给客人，方便客人更换衣服进行游泳。但是更衣柜钥匙能使用的没几个，男更有 8 个而女更只有 5 个，就是柜子很多，钥匙很少。

八月的一天，酒店接到通知：总经理将会来到酒店体验参观，要准备一下更衣柜钥匙，就拿走了 2 个女更钥匙和 3 个男更钥匙到礼宾部。到了下午 4 点过后，客人逐渐增多，可使用的钥匙已经领完了。这时来了一位 VIP 卡的客人需要钥匙，我十分抱歉地说道：不好意思，先生！我们这里的钥匙已被领完了。先生：怎么那么快就没了？我：下午时段比较多客人，不好意思！先生：难道你们没有什么措施的吗？我：要不先生你可以上房间换了衣服再下来，房间有浴袍的。先生：这怎么可以？光着身子在酒店走来走去，多没礼貌啊！我：那真的不好意思了！随后先生很郁闷地走了，站在更衣室外等别的客人来还钥匙。当时我想这个时间段是很少客人来还的，所以我就打电话跟经理说了这件事情。经理叫我上礼宾部拿钥匙，然而礼宾部主管要得到大堂副理允许才能给，找到大堂副理后，他要经过房务总监同意才可以。得到全部同意后，礼宾部主管走开了，礼宾部的同事不敢给，要等主管批准才可以。最后我拿到钥匙，回到部门后已经看不到客人的踪影了。

【评析】

这件事情存在三个大问题。

一是硬件设施不足，促使不能给客人提供应有的服务。一个酒店 293 个房间，但在健身中心能用的钥匙加起来只有 13 个，这真的不合理的。这也是一个成本问题，酒店一直在强调成本，但是该提供给客人的就应该提供，一味通过蒙骗而继续经营，酒店的硬件设施会惹来更多投诉，当服务都弥补不来的时候，酒店也是时候进入衰退期了。

二是没有补救措施，只能通过口头服务进行婉约道歉。很多事情，有 Plan A，也应有 Plan B 的。这是对应急事件的做法，更何况是经常会发生的事情。

三是员工的可抉择空间太窄，导致及时服务都会因程序问题而无法实施。在国际化的酒店工作,程序性的事情是一定要做的。但是适当地给予员工一些可抉择空间,是能弥补一些事情的。其外,礼宾部主管走开的时候,可以交代一下这件事情,让他的下属能知道这件事情以至不用再浪费时间在等待上。

对于服务员的做法,没有钥匙的前提下,能提建议给客人是很好的做法。客人不接受,是因为客人的素养觉得他不能这样做。此外,你可以告知客人一声,让客人知道你在为他想办法,这样客人会觉得自己还是在受到尊重和关注的。如果告知客人知道,那当你拿回钥匙时,客人就有可能因为你的服务而开心,而不是到最后你忙了一团后,客人还是走了。如果真不能拿回来,就耐心的解释,客人也是会理解的。

案例分析2:十块钱的故事

和平时上班一样,这一天正常进行着,下午四点过,总机打电话到部门说有位客人需要使用桑拿,叫我们准备一下,我们按照工作流程一切准备妥当,客人如约而至,我们告诉了客人一些注意事项,客人很高兴地进去使用了桑拿,不一会,客人出来了,说需要喝水,我们告诉客人我们这边矿泉水是需要收费的,十块钱一瓶,客人很不高兴,说你们既然对客人提供了桑拿房设施,为什么没有免费的水提供,其他每个地方蒸桑拿都是有水提供的,说完客人不高兴地说挂房帐要了一瓶矿泉水,当客人看到矿泉水是冰露矿泉水的时候,顿时就怒了,大声地说:你们这水在房间是免费的,到你们这就是十块钱一瓶了,而且在餐厅还是28元一瓶,到你们这价格又不一样了,你们是不是自己在偷偷地卖水,然后钱就自己拿了。客人非常生气,第一次遇到这样的情况,我也有点不知所措,我就叫来同事解释,可是客人还是情绪很大,于是同事叫来了主管对客人进行解释,经过一番解释,客人情绪好了很多。

【评析】

1. 酒店对客人提供了免费桑拿设施,这丰富了酒店的娱乐设施,是对酒店加分的设施,但是在使用桑拿房的时候,客人出汗量大,在使用过程中需要不断地补充人体的水分含量,但是酒店没有对客人提供免费的水,这会降低客人对酒店体验的评价,一瓶矿泉水,几毛钱的成本,或者使用桶装水,桑拿房在旺季的情况下使用量都是很低的,这些细节会有很大的作用。

2. 遇到这样的突然情况,作为员工第一反应就是先安抚一下客人的情绪,跟他道歉、解释,所做的解释要符合酒店的一些正常规定,不要自己的解释漏洞百出,然后第一时间向当班的主管或者经理求助,或者让他们来处理这件事。

3. 酒店在于价格方面应该有统一的管理,在不同的地点同一产品有不同的价格,客人在消费的过程中就会产生不愉快的投诉,酒店统一价格后,可以减少很多不必要的麻烦。

案例分析3：入场费的管理

我们酒店拥有着大大小小的几个游泳池，随着夏季的到来，酒店的旺季也到来了，每天使用游泳池的人数众多，酒店的娱乐设施对酒店的住店客人都是免费开放的，对于非住店客人使用是要收取200元/位的入场费，包括酒店的沙滩海域，如果非住店客人使用都是要收取入场费的，有一次经理开会说关于非住店客人的一些注意事项，他们就连使用酒店厕所都是不可以的。酒店位于巽寮，本地居民和附近游客都非常多，常常会有非住店客人偷偷地溜进来使用我们的游泳池，这很难管理，有一次，有两位客人来到我们部门前台买了一套泳衣，然后需要储物柜钥匙，我们询问他房号做登记，他说他还没入住，没房，然后他说不要钥匙了，就跑去更衣室换了衣服。在这期间我打电话向前台咨询，前台回答我说今天房还有很多，不会出现没有房的状态，我就判断出这位客人是来浑水摸鱼游泳的，等他出来的时候，我跟客人解释说我们这里如果非住店客人游泳是要收取200元/位的，客人说他上次来都不用收费，这次要收费，然后他就直接跑出去游泳，我就用对讲机通知了各岗位的同事，如果这两位客人要游泳是要交入场费的，之后这两位客人很生气地跑了回来，对前台的同事大骂，然后换了衣服跑了。对于这样的情况，我们都觉得很委屈，我们只是按照流程做事，却受到这样的对待，心里很不舒服。

【评析】

1. 酒店方对于住店客人和非住店客人的管理存在一定的问题，既然非住店客人要收取费用，那给员工区分非住店客人增加了难度，在管理上面，酒店可以在前台入住时，根据客人入住的数量给客人一个带有酒店logo的手环，客人在使用设施时可以佩戴在手上，酒店本来就有大量的带有logo的手环，但是到目前为止几乎没有什么用处，酒店如果将这个手环用在这件事上，一方面解决了员工区分住店与非住店客的问题，同时也可以提高酒店的收入，是一件一举两得的事。

2. 对于非住店客人的管理，借用一下洗手间都是不可以的这一点未免过于苛刻，人有三急，只是借用一下厕所，应该满足。也许客人是来参观酒店，觉得不错会介绍给其他的亲朋好友，酒店会有一个好的口碑，也会带来积极的影响，如果客人宣传出去的口碑是不好的，就会影响酒店的形象。

3. 作为一名员工，要有良好的心理素质，在服务行业会遇到形形色色的人，有的人态度很好，有的素质高有的素质低，有的很无赖。在服务过程中，我们要在酒店允许的情况下，做灵活的调整，对待不同客人应该有不对的处理措施，多些耐心、关心等等，要培养一个良好而强大的内心。

案例分析 4：善变的投诉

一天，几个住客过来参观泳池，参观完后我便提示他们游泳要戴泳帽。没想到那几个客人脸色大变，其中一女客人提高了语调说要到我们酒店的网页看看，如果没有这一要求，就是酒店变相来骗客人的钱，是违法的，要去告酒店。还说她住过那么多酒店都没这种要求，问我可不可以开发票，可以开发票的话就有证据告酒店了。然后一男客人拿出手机拍了我们健身中心前台的提示牌，说这是告我们的证据。之后一行人怒气冲冲地走了。几分钟后，宾客服务经理就来说客人投诉了，他来了解一下经过，我大概地说了一下后宾客服务经理就离开了。

随后那个拍照的男客人过来了，登记的时候我就例行问了句带了泳帽没有，客人就把头伸过来瞪着眼说我到按摩池（规定按摩池不用戴泳帽）不行吗不行吗不行吗，然后就往泳池走去了。

几分钟后，宾客服务经理又来说客人觉得 22 块的泳帽不贵，她只是觉得我态度不好，她投诉的是我的服务不是酒店关于游泳要戴泳帽这一规定。我又重新把情况详细地说了一遍，我表示对这一服务问心无愧。宾客服务经理说了句明白，就走了。后来那个拍照的男客人走前得意地说，要不是酒店的宾客服务经理态度好，送了他们一点东西，他是不会就此罢休的。

【评析】

本案例的起因在于酒店要求游泳要戴泳帽，但我觉得酒店、客人和我三方面都负有有一定的责任。

酒店方面：客人到健身中心之前并不知道要戴泳帽这一要求，虽然要求戴泳帽是为了保证泳池的水质，为客人创造安全、卫生的游泳环境，但这种突然的提示容易让客人产生被坑的心理。酒店理应在网页上注明这一要求，或者在客人办理入住时提示一下，让客人有个心理准备。我们的同事也曾建议在客房里摆上一个相关的提示牌，或许是不符合酒店集团的标准，我们经理拒绝了这一建议。这不仅影响客人对酒店的印象，也增加了我们的工作难度。

客人方面：客人知道这一提示的第一反应是酒店要骗他们的钱，而没有考虑到泳帽的实际作用。加上这几个客人有贪小便宜的心理，认为投诉一下就会获得多多少少的补偿，偏偏就这么巧，我们的宾客服务经理就采取了赠送东西的方式来处理客人的投诉。而我作为一名服务员，在直接对客服务的过程中没有保持足够的热情，没能用自己的服务态度来安抚客人对游泳要戴泳帽这一要求的不满，让客人有了投诉的机会。

另外，本案例中宾客服务经理采取赠送东西来处理投诉的方式是可以理解的。面对这种有贪小便宜心理的客人，这是最快速也是最容易让客人满意的处理方式，但是要防止客人得寸进尺，避免客人产生投诉就能轻易获得补偿的错误想法。

案例分析5：可以避免的折扣

　　这天，两个客人拿着一张免费游泳/健身的券过来，我告知她们一张免费券只能一个人使用，另外一人需要付168元。其中一个很不开心地说去年她和另一个朋友都是一张免费券两个人用的，我无法确定她们去年是否真的两个人用一张免费券，但在我实习的期间从未有过两个人用一张的情况出现，我只好很抱歉地告知她这种情况是不允许的。然后另外一个客人说我们的免费券上并没有说明一人使用一张，我查看了一下我们的券，发现是没有这样的说明的。我很抱歉的告知她虽然没有说明但我们一直以来都是一张免费券一个人使用的，我们接待的使用券的客人也从未对此有过疑问。然后她们就打电话到万誉会（这些免费券是从万誉会售出的）讲明了这一情况。几分钟后万誉会的工作人员上来，了解完情况后，打了好几个电话，最后以另一个客人打五折的结果解决了这件事。万誉会工作人员给客人的说法是，按道理讲一券是一人使用的，既然你们选择了来我们酒店我们就不应该让你们白跑一趟，所以经部门经理同意给你们打个五折但下不为例。我向经理确认后照办了此事。

　　【评析】

　　本案例中客人说去年可以两人用一张免费券我们已无法验证，可能是客人随便找的一个借口也有可能是我们同事工作的疏忽，但我们现在是领导明确规定不能这样操作的，所以客人的这一说法并不能说服我们让她们享用健身中心的设施。

　　客人提出来的免费券上没有一券一人使用的说明条文，我觉得责任在于酒店，而客人有这种一券两人使用的想法也是无可厚非的，因为没有明确说明，客人说他理解成两个人用一张券或者一家人用一张券，我们也是找不到理由来反驳客人的。所以，当客人提出这样的问题时，为了维护酒店的声誉，给予折扣这个方式是可以理解的。很明显的，如果券上条文说明一券一人使用，这件事就不会发生，就没有争议的可能性。

　　虽然折扣的成本不高但反映了酒店在设计这些券的时候没有全面考虑各种可能性并作必要的条文说明。这明明是可以避免的，偏偏就这样让它发生了。这样酒店不仅减少了收入（虽然这笔收入相对酒店其他的收入来说微不足道），还影响了客人对酒店的印象。客人可能会觉得一个五星级酒店竟然有如此低级的疏忽，会对我们酒店的其他方面产生质疑，也可能觉得酒店或许还存在其他方面的疏忽，下次消费的时候还是会努力找酒店不以为然的小疏忽。因此，酒店应该杜绝这种小疏忽，避免不必要的折扣，不要因小失大。

人 力 资 源

案例分析 1：西餐厅事件

这一周，刚好部门总监休年假，不在公司。早会是我们人事经理去开的！跟总经理开完早会后经理就跟我们分享了早会的内容并吩咐，要我们今天重点检查所有对客服务部门的仪容仪表，特别是销售、前厅、宴会同事和帮工！所以我们培训部全员出动！

我们分工合作，我负责西餐厅和前厅，顺带保安部。所以我就出发去了西餐厅，我很少会这个时间点（9点）去检查仪容仪表的，因为这个时间点客人吃早餐还比较多，所以不太合适！但今天我就这个时间点出来了，而且客人还真不少，挺多外国客人的！

当我检查完西餐厅之后走到西餐厅门口，遇到了个西餐厅经理，就跟他聊了几句。然后，西餐厅门口对面坐着的一个外国友人说了一句"Excuse me?"我看到西餐经理走了过去，我看了客人一眼然后微笑了一下，就准备去前厅了，然后，那个外国友人就说："Hey, Is not you!"我就反应过来是叫我。但是我很纳闷，这时候西餐经理就解释说，我不是西餐厅的，我来自人力资源部！然后我就很尴尬地站着那里。那个外国友人就在那里跟西餐经理说话。突然一个外国腔调的你好从背后发出，我回头一看，是另外一个外国人，后来发现原来他们是朋友！微笑打完招呼我就离开去了前厅。

当我去完前厅，往西餐厅走的时候，那两个客人还在那里。又再一次把我叫住了。这次，我主动向前询问："May I help you?"我一听到他要一些 Sugar and some ×××后面的我真的听不懂！然后我就转达西餐经理客人的需要。西餐经理居然暗讽我听不懂！然后就叫一个主管帮客人拿糖。就这样，我就地逃离西餐厅这个尴尬地带！后来他遇到我们部门的主管，还要跟他说，我听不懂客人的话！客人知道我不是西餐厅的，不熟悉西餐厅的东西还来问我，可能跟我开了个玩笑吧。

【评析】

从这件事情中可以看出我对餐厅常用食物专有名词不熟悉，常识也不太好！我英语口语交流能力不合格，不够主动积极去问候客人，没有相应的对客服务技能！造成的尴尬原因主要在我和西餐服务人员身上：

1. 我作为酒店的员工之一,在听到客人说"Excuse me?"之后,才意识到客人需要帮助,这样是不合格的。在凯宾斯基个性化服务的文化里面是在客人想到需要什么服务之前,我们就为他们准备好,或者是我们有意识地在客人想询问我们之前提前询问客人"请问有什么可以帮到您?

2. 我对酒店的产品知识掌握不够全面,对客服务积极性不够,英语口语交流能力不够好。在遇到外国友人时,我会担心我要用什么词语来回答他们的话题,或者我会担心我的发音或者语法运用不正确,所以,我下定决心,在日常生活中和在以后回学校之后,我要充分利用时间好好学习英文,争取能够用英语解决日常生活中常见的问题。

3. 既然有外国客人在西餐门前的客椅上休息喝咖啡,就应该要有相应的懂外语的服务员在那里服务,而不是等客人在外面喊了才出去。所以,我们对客服务个性化做地不够好!

4. 所以,我一直希望,我能去前厅或者西餐厅 Cross training(交换学习)! 学一些服务技能并提升英语口语能力,我觉得很有必要! 那么今天所遇到的事情就不会这么被动!

案例分析 2:离职面谈

当有同事过来人事部这边说他们想离职的时候,我们首先会问他,你为什么想离职呢? 你有没有跟你部门老大交流过关于你想离职的想法。如果他说没有,我们会让他先跟部门老大去交流,了解员工的真实想法。这是一个非正式的部门间的离职面谈。如果他说有过了,我们会给一个离职面谈表给他填写,填写之后我们会回收并根据申请人填写的内容做一个正式的离职面谈。

离职面谈顾名思义就是当有人想申请离职时,由人事部招聘主管或者经理跟离职申请人做一个简短的交流。

离职面谈表由员工的基础信息(姓名,员工号,部门,职位,入职日期,离职日期等等),离职主要原因(薪酬,福利,绩效评估,晋升机会,工作环境等等),还有关于酒店、部门和上司的满意度调查这五个部门组成。正式员工和实习生(签订正式合同的员工)需要提前一个月做离职面谈,以至于如果该员工有意离职,我们来得及招聘新员工,使部门运营有序地进行。如果该员工还在试用期内,那么她只需要提前三天过来做离职面谈,同时填写辞职申请书和人事变动表。

【评析】

由于酒店的流动性很大,一直以来的员工流失率较高,凯宾斯基酒店采取了这一个措施来了解员工的真实想法,以至于能更好地维持与员工之间的关系,同时节约招聘成本。

　　一方面,我们想留住优秀的员工,了解他们为什么要离职,是工作环境? 是工资福利? 还是有更好的就业机会等等? 通过了解他们的需求,我们改善我们的工作环境、改变我们的处事方式,我们还要与部门沟通协调了解员工的情况,并在能力允许的情况下尽量满足他们的要求,就是想把优秀员工留下来!

　　另一方面,也是为了减少招聘成本,节约我们的时间和精力,使我们有更多的时间放在更有意义的事情上!

　　当然,当人们遇到更好的机会去发展自己的事业而我们却不能提供相对应或者高于别人给的机遇或者他们为了家庭原因等等时,我们是留不住他们的。这时候我们就得在职位空缺表上填上他们的职位,并发布在网络上去招聘! 相反的,如果是由于工作环境、氛围或者薪酬待遇方面我们能够改变的,我们会考虑跟他所在部门负责人沟通、协调,如果这个员工有留下来的价值,我们就算给他升职加薪也会让他留下来的!

　　这个办法实施以来,还是挺有效果的,就算留不住员工,至少更加了解员工为什么对我们不满意? 我们在那些方面需要改变的? 以及在招聘的时候跟面试者交流时要注意涉及那些问题,才能让他们觉得现实跟想象不会相差太远! 当然,想要有非常好的成效还要多部门跟我们配合,共同提高员工的认同感和忠诚感。